U0957706

目录 CONTENTS

理论与历史

数据新闻及其可视化:成功案例的启示　王宇琦　陈昌凤/ 3

发展传播学与我国新闻传播领域的理论创新　陈开和/ 12

风险沟通与公众参与:重构阐释框架　曾繁旭　王宇琦/ 23

媒介视阈下中国农民观念转型与形象的建构
——基于中国知网"媒介与农民"研究的文献　佘世红/ 29

话语分析:媒介社会学的一个研究路径　陈欣钢/ 37

广播电视观察

强势广电传媒:城市"国际化都市文化"建设的重要推手
——以深圳广电集团卫视国际频道为例　王立亚/ 49

农业节目的坚守与创新
——兼议 2014 年度农影中心参评节目　曾祥敏　张　昱/ 55

数字新闻的超链接:意义与方法　顾　洁　李　成/ 63

网络新闻动画的传播特点分析　王文利/ 72

纪实的魅力
——浅析纪录片拍摄方式在亲子娱乐节目中的应用和未来　赵雪桐/ 78

在创新中探求时政新闻节目传播空间
——俄罗斯第一频道《时间》栏目发展研究　赵嘉琦　杨凤娇/ 84

媒介前沿

微信赋予电视农业频道的新平台及功能分析　赵淑萍　杨　弘/ 97
从新旧媒体议程设置关系的变化谈传统媒体转型之路　孟　群　谢　莎/ 108
新型主流媒体的内涵及打造路径　陈国权/ 118

新媒体评论

移动互联时代传媒产业的五项重构　张　锐/ 127
微纪录片融资渠道创新之探究　周　凯/ 135
煤矿工人自媒体使用情况调查
——以淮北市国营煤矿为例　宋　词　高传智/ 143

书　评

“西方”和“结构”之外:“中国”作为话语整体的传播研究新视角
——评施旭国际新作《中国话语研究》　徐迎春　161

CHINA Journalism and Communication Journal

中国新闻传播研究

2014（下）

中国传媒大学 出版社
·北京·

理论与历史

数据新闻及其可视化：成功案例的启示　　王宇琦　陈昌凤

发展传播学与我国新闻传播领域的理论创新　　陈开和

风险沟通与公众参与：重构阐释框架　　曾繁旭　王宇琦

媒介视阈下中国农民观念转型与形象的建构
——基于中国知网“媒介与农民”研究的文献　　佘世红

话语分析：媒介社会学的一个研究路径　　陈欣钢

数据新闻及其可视化:成功案例的启示

Data Journalism and Visible Information: The Enlightenment of Successful Cases

◎ 王宇琦　陈昌凤

Wang Yuqi　Chen Changfeng

摘要:数据新闻的可视化呈现方式,堪称大数据时代吸引读者的"硬通货"。然而,我国媒体的不少数据新闻作品在运用可视化进行内容呈现的过程中,存在着形式单一、内容乏味、缺乏与受众间的互动等诸多问题。本文通过对一些优秀数据新闻作品的分析,发现我国媒体需要在以下三个方面进行改进:在呈现方式上,要改变一味使用信息图的现状,应将交互式图表、数据地图、时间轴、气泡图等更多可视化的呈现方式运用到数据新闻中;在用户互动方面,应设计出在线调查等更为新颖的方式,吸引用户参与到内容生产和数据采集过程中来;在信息挖掘方面,媒体要通过数据的叠加、比较,挖掘出数字背后的故事,分析数字蕴含的深层含义,增加可视化作品的深度。

关键词:数据新闻,信息可视化,数据挖掘

Abstract: The visible presentation of data news can be called a "hard currency" in big data era that attracts readers' interests. Nonetheless, many problems exist when this approach is adopted in the data news of Chinese media such as being single in forms, tedious in contents, short in interacting with the audience or readers. In this paper, through the analysis of some excellent work of data news, it is found that three aspects shall be improved in Chinese media. First, the way to present the data news shall be changed from merely using information graphs to applying more visible presentation methods to data news like interactive graphic, data map, timeline and bubble chart. Second, the interacting with users shall be performed in a more innovative way, for example, the online survey, to attract users to participate in content production and data collection. Third, the data collection shall be conducted through data adding and comparison for delving the stories behind the numbers, analyzing deep implications of the numbers. With all these done, the visible work can be rich in its depth and profound meanings.

Keywords: data journalism, visible information, data depth

大数据浪潮的来临,推动新闻传播业界开始讨论如何充分借助数据的力量开展新闻实践。2012 年,由全球编辑网络主办、谷歌提供资助奖励的“数据新闻奖(Data Journalism Awards)”正式设立,旨在专门表彰全球最为优秀的数据新闻作品,凸显出业界对数据新闻的日益重视。

数据新闻(data journalism),又称数据驱动新闻(data-driven journalism),是指建立在具体数据基础上的新闻报道,它使得海量数字信息与传统的新闻敏感性和有说服力的叙事能力相结合,从而呈现出创新的巨大可能性[1]。一般而言,数据新闻的生产流程包括收集数据、分析数据、数据可视化和数据发布/分享等四个主要阶段(见图 1)[2]。其中,数据可视化是数据新闻生产流程中不可或缺的重要环节。

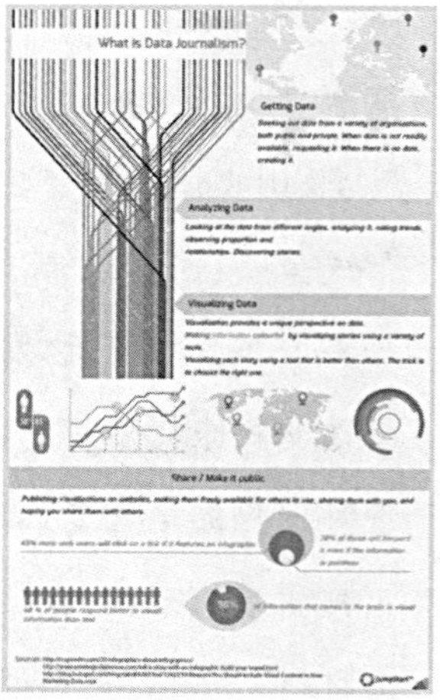

图 1　数据新闻的生产流程

事实上,在 20 世纪 80 年代,就有研究者开始关注信息可视化的呈现方式。罗伯逊、卡德、麦金利(Robertson, Card & Mackinlay ,1989)将信息可视化界定为借助 2D 或 3D 形式,展示信息本身以及信息之间关联结构的图示化表达方式。通过对数据等抽象信息的形象表示,增强民众对信息的认知度[3]。

在大数据时代,信息可视化则显得更为重要。面对海量信息,读者面临的首要问题不是如何获取信息,而是如何更好地理解海量信息。由于人类大脑的一半完全是用于处理可视化信息的,为此数据可视化在信息传播中具备强大的认知优势,堪称大数据时代吸引读者的“硬通货”[4]。

然而,我国不少媒体的数据新闻实践还处于摸索阶段,在数据新闻奖的评选和获奖名单中,都鲜少能看到我国媒体的作品。单从数据可视化的呈现方式来看,我国媒体的数据新闻作品就与西方成熟的数据新闻作品存在不小的差距,形式单一、内容乏味、缺乏互动等问题限制了国内数据新闻的发展。那么,我国数据新闻的可视化探索应该如何破局呢?

一、呈现方式:多样化与创新性

不少数据可视化的工具,如 Tableau Public,Google Fusion Tables 等,将信息图、交互式图表、数据地图、时间轴、气泡图等可视化形式引入了数据新闻,极大地方便了数据新闻图表的制作与呈现。

但总体而言,我国媒体的数据新闻作品大多选择信息图表的呈现方式,可视化形式非常单一。以搜狐、网易、新浪和腾讯四家门户网站为例,这四家门户网站在 2012 年前后均开设了自己的数据新闻专栏,分别是搜狐"数字之道"、网易"数读"、新浪"图解天下"和腾讯"新闻百科",是领先于传统媒体的数字新闻探索。但是,这些门户网站的数据新闻,大多是清一色的信息图,尤其是新浪"图解天下"和搜狐"数字之道",几乎每一篇都以信息图表的方式呈现。其中,不少信息图以"一张图看懂……"为标题,其主题大多与当时的新闻时事紧密相关。这些信息图大多是以视觉化的方式,将冗长的文字信息和繁杂的关系链条加以概括抽象,而后配以生动的图片,并用简明形象的方式呈现出来。

用信息图的方式呈现数据新闻,其工作类似于将新闻故事进行再编辑,操作门槛较低。为此,它也成为不少媒体早期数据新闻实践中较常使用的呈现方式。但是,一味使用信息图表,不可避免的问题就在于信息呈现方式单一,难以引起读者的阅读兴趣。此外,一些议题也并不适合用信息图表的方式展现。为此,一些国外媒体开始探索新的可视化形式。

比如,英国《金融时报》就将交互式图表与数据地图相结合,制作了《全球资源网络》这一数据新闻作品(见图 2),用以呈现矿产资源在全球范围内的流通贸易网络。其中,读者可以从左侧的下拉菜单中选择自己关注的矿产资源以及进口/出口情况,如选择查看硅的出口情况,网页就会自动显示全球范围内硅出口量最大的五个国家或地区,以及从美国进口硅数量最大的国家。同时,在右侧的世界地图中,读者也可以根据自己的需求查看美国与世界主要国家的硅贸易数额。国家间的连线越粗,表示两国贸易额越大。

此外,一些媒体为了摒弃静态化信息图的单一呈现方式,还采用了融合报道的方式,将动画、音频、视频等多元化的媒介形态与生动的图表相结合,以更加多元化的方式呈现数字新闻。比如,《卫报》制作的《美国国安局文件解密》(*NSA Files: Decoded*)这一新闻专题,围绕政府监管这一议题,对 NSA 运作方式、监管机制、社会影响等进行

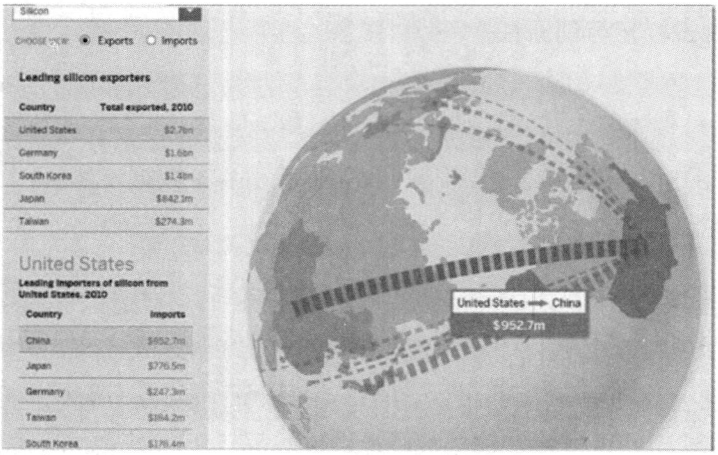

图 2　Global Resources Network

(图表来源:Financial Times, http://www.ft.com/cms/s/2/8df9d28e-4075-11e2-8f90-00144feabdc0.html#axzz3Njen9yze。)

了深入的解析。在报道中,既有解释普通民众信息泄露途径的气泡图(见图 3)、解释信息加密方法的流程图(见图 4),也有法庭判令等原始文档,以及大量权威信源的采访视频。多重媒介形态的呈现,使得整个专题报道易于理解并且不乏权威和深度。

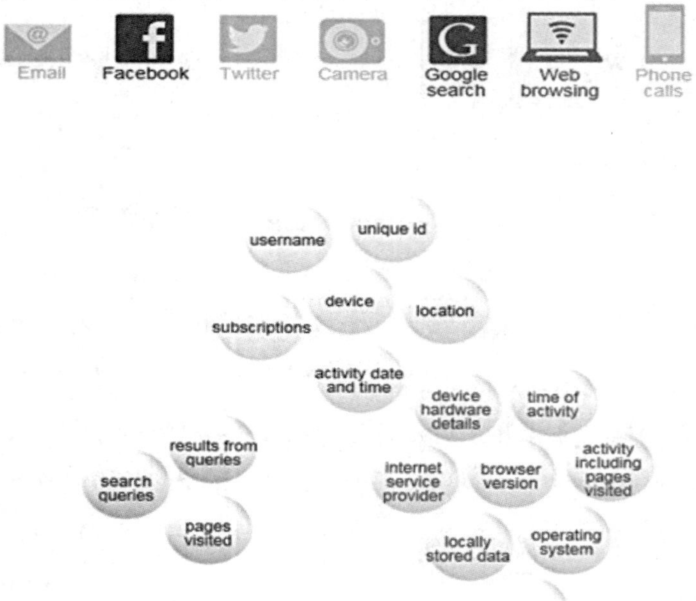

图 3　用户信息泄露途径与内容图解

(图表来源:http://www.theguardian.com/world/interactive/2013/nov/01/snowden-nsa-files-surveillance-revelations-decoded#section/2。)

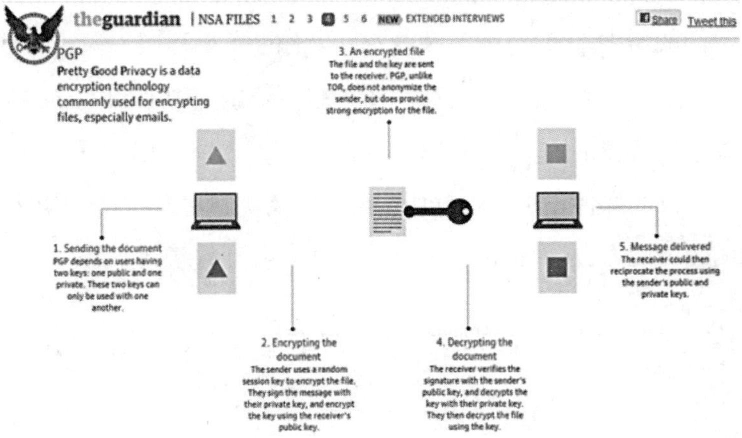

图 4　PGP 数据加密方式图解

(图表来源:http://www.theguardian.com/world/interactive/2013/nov/01/snowden-nsa-files-surveillance-revelations-decoded#section/2。)

二、增强互动:现有空间与路径探索

浏览我国媒体的数据可视化作品后不难看出,这些作品往往止于数据信息的呈现,却忽略与受众的互动。一些国内新闻网站设计的互动方式十分单一,往往是提供分享按钮,允许用户把该新闻图表分享到诸如新浪微博、微信等社会化媒体平台。除此之外,很少再有其他的互动方式。

事实上,在各种数据新闻可视化的呈现方式中,交互式图表在与受众互动方面具有先天优势。交互式图表并不直接呈现数据,而是通过用户阅读时鼠标的浮动与点击来呈现相关的数据。在阅读过程中,用户并不是被动接受信息,而是通过主动选择,选取自己感兴趣的信息内容进行了解。通过这种方式,交互式图表帮助媒体突破原先的线性报道方式,转而以一种更灵活的方式组织新闻报道,与用户展开对话。

与此同时,交互式图表的一大优势还在于,媒体可以借助这种信息图表,收集来自用户的点击信息,并基于此分析用户对新闻的哪些部分、哪些细节感兴趣,以了解用户需求。

除了交互式图表,一些西方媒体也探索出了吸引用户参与数据新闻生产的新路径。比如,BBC 新闻杂志、《卫报》等媒体就通过设计线上小调查的方式,吸引用户参与。以 BBC 为例,其 2013 年 10 月发布的数据新闻作品《英国房价及其未来趋势》,就通过折线图、柱状图等方式,呈现了英国房价走势、人均住宅拥有量、住房建设量等诸多住房指标(见图 5)。为了弥补用户互动不足的问题,BBC 设计了与该报道相配套的用户调查,题为“我能买得起哪里的住房”。用户只需按照提示,回答房间数量、住房档次和可支配的购房资金等问题,系统就会在右侧的英国地图上标出可供该用户选择的购房地区(见图6)。在页面下方,用户还可以选择通过邮件、Facebook、Twitter 等方式将该链接分享给更多的人。通过这样的方式,一方面能吸引用户参与,增加该议题的关注度;另一方面,媒体也可以根据用户给出的购房意愿,大致分析出该媒体的读者群具备怎样的经济能力,从而推出更适合该媒体读者群的新闻产品。

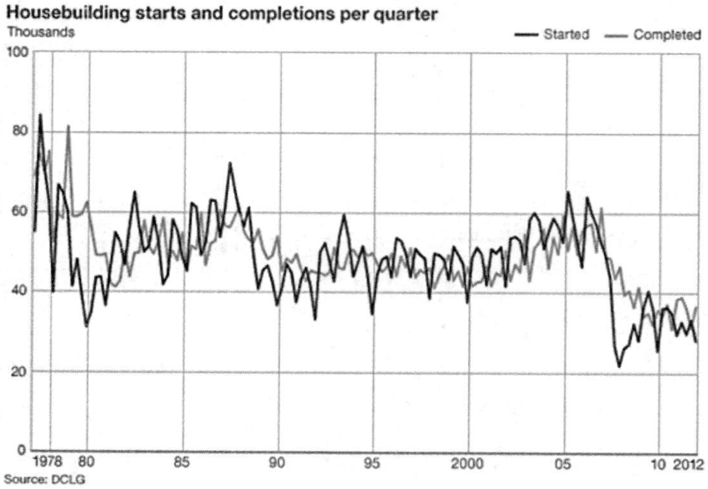

图 5　1978-2012 年每季度的住房建设启动量和完成量

(BBC 新闻杂志数据新闻作品《英国房价及其未来趋势》数据图之一;图表来源:http://www.bbc.com/news/business-24387237。)

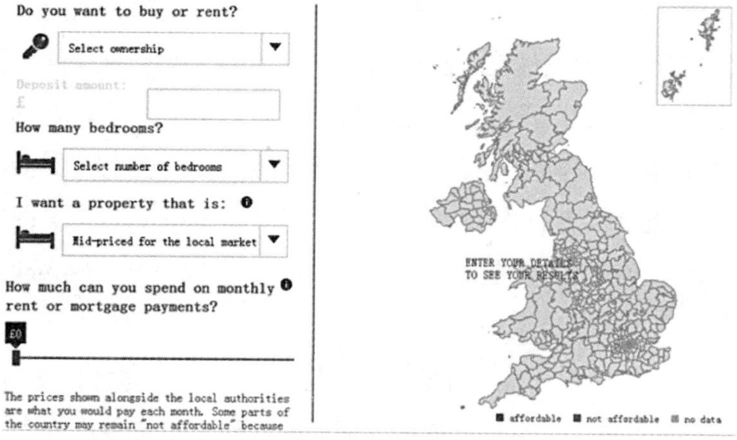

图 6　BBC 用户调查“我能买得起哪里的住房”

(图表来源:http://www.bbc.com/news/business-23234033。)

与此相似的数据新闻互动作品,还有 BBC 的“计算你的通货膨胀指数”、《卫报》的“一般英国家庭把钱都花在了哪里”等。这些数据新闻作品往往选择贴近民众生活的话题,鼓励民众参与进来,在贡献自己个人数据的同时,也得以阅读截至参与时媒体统计出的最新数据结果。

三、信息挖掘:数据新闻的深度拓展

数据新闻可以从两个方向扩张传统新闻业,一是运用技术来收集和深度分析数据,二是以交互方式呈现结果或将结果可视化[5]。但是,数据新闻的这两个潜力在我国当下的新闻实践中都没有得到充分的发挥。除了在数据呈现结果方面存在形式单一、缺乏互动等问题,在数据深度挖掘上也存在不足。

数据信息的挖掘,要通过反复抓取、筛选和重组,结合大量数据的分析、对比和映照来实现。在这方面,财经类媒体具有先天优势。在我国媒体中,财新网“数字说”板块推出的《三公消费龙虎榜》,可以说是比较经典的报道。该报道收集了历届政府部门公布的三公消费数据,不仅呈现出各个部门的具体数据,还有每个部门的费用明细和各项花费的排序,通过不同部门的对比和同一部门历年各项花费的对比,呈现出这一议题本身的复杂性。

在数据挖掘方面,《洛杉矶时报》“数据桌”(Data Desk)栏目制作的一期名为《洛杉矶罪行》(*Crime L.A.*)的数据新闻专题可以说是更胜一筹。这一报道将案件分为暴力案件和财产案件两部分,并将案件发生地点具体标注在洛杉矶地图上,暴力案件用红色标示,财产案件用黄色标示(见图 7)。通过对实时犯罪数据的随时记录、详细归

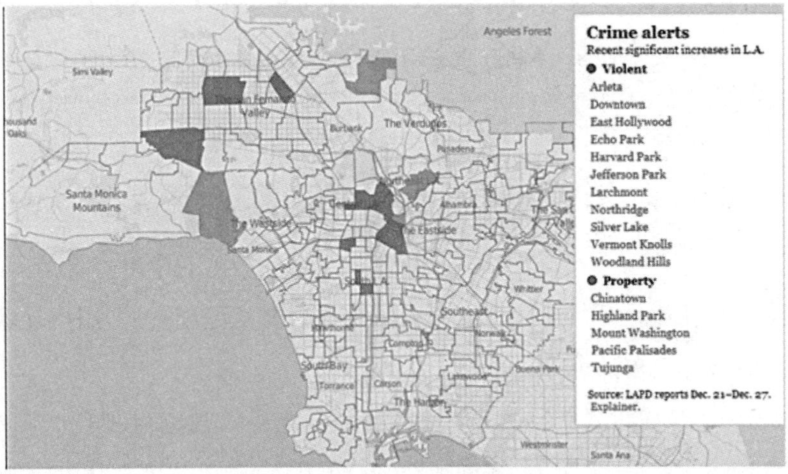

图 7　洛杉矶地区案件发生情况分布

(图表来源:http://maps.latimes.com/crime/。)

类,可以直观呈现出洛杉矶哪些地区为案件高发地区。如图中所示,暴力案件主要集中在七个地区,而财产案件则主要集中在另外四个区域。

而针对每个具体的细分区域,如果读者想有进一步的了解,可以点击该区域,随后相关数据会在另一个独立网页中显示。如点击 Silver Lake 后,会弹出包含该地域的区域概况(如人口、种族、年龄、收入情况、受教育情况等信息)、案件信息、学校信息等详细信息的网页(见图 8)。其中,案件信息依然以地图的形式呈现,读者可以通过拉动地图下方的时间轴,选择自己关心的时间点,查看该地域具体的案件发生情况。此外,在地图的下方,还有该地区最近一周的犯罪数量统计、每起案件具体的时间地点、该地区近六个月的犯罪情况统计,以及与其他地区犯罪数量的对比分析。通过这样横向、纵向的对比分析,不仅呈现出犯罪数量这一单一维度的信息,还将不同类型案件发生的地域差异、时间波动等信息都呈现出来,为进一步分析洛杉矶地区犯罪案件频发的深层原因提供了可能。

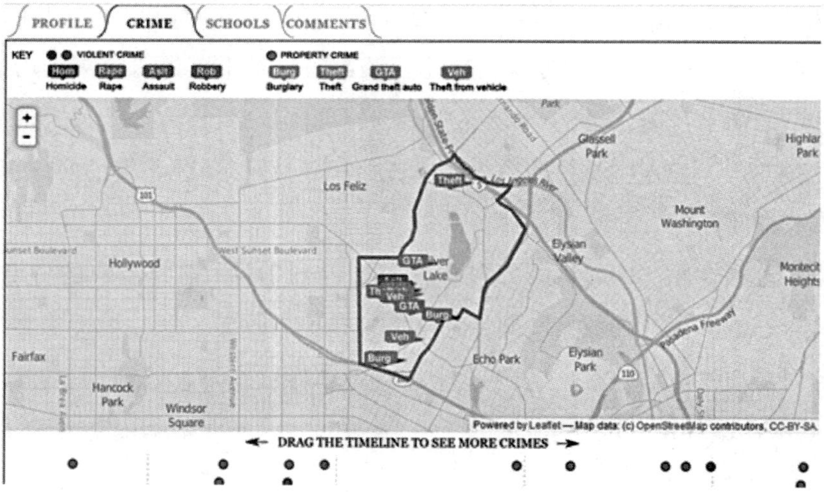

图 8　洛杉矶 Silver Lake 地区案件发生情况

(图表来源:http://maps.latimes.com/neighborhoods/neighborhood/silver-lake/crime/。)

结语

为此,在数据新闻的可视化实践中,我国媒体需要从呈现方式、用户互动和信息挖掘这三个方面有进一步的突破。

具体来说,在呈现方式上,要将多元互动的元素带入数据可视化的图表制作中。除了信息图,也要把交互式图表、数据地图、时间轴、气泡图等更多数据可视化的呈现方式运用起来。此外,也可借鉴西方媒体的实践经验,将不同的呈现方式,如互动式图表与数据地图等加以综合运用,以实现更为灵活多变的数据呈现效果。

在用户互动方面,互动式图表本身就提供了与用户互动的可能。除此以外,媒体还应设计出在线调查等更为新颖的方式,吸引用户参与到内容生产和数据采集过程中来。与用户互动的过程,一方面能得到用户的及时反馈;另一方面也可以通过收集用户数据,发掘用户特征,了解用户需求。

在信息挖掘方面,媒体要通过数据的叠加、比较,挖掘出数字背后的故事,分析数字所蕴含的深层含义,增加可视化作品的深度。财经类媒体在数据挖掘和分析方面具有独特优势,更应将其充分发挥,以制作出形式灵活、内容深刻的数据新闻可视化作品。

注释:

1."Data Journalism Handbook", http://datajournalismhandbook.org/1.0/en/delivering_data_4.html.

2.http://visual.ly/what-data-journalism#sthash.qkQCTiXS.dpuf.

3.Robertson, G., Card, S. K. & Mackinlay, J. D. (1989). "The Cognitive Coprocessor Architecture for Interactive User Interfaces", In Proceedings of the 2nd annual ACM SIGGRAPH symposium on User interface software and technology (pp.10-18).ACM.

4."Data Journalism Handbook", http://datajournalismhandbook.org/1.0/en/delivering_data_4.html.

5.《告诉你正在改变的报业世界》,2014 年 3 月 5 日,新华网,http://news.xinhuanet.com/newmedia/2014-03/05/c_126225120_2.htm。

〔王宇琦,清华大学新闻与传播学院博士研究生;
陈昌凤,清华大学新闻与传播学院教授、副院长〕

发展传播学与我国新闻传播领域的理论创新

Development Communication and the Theory Innovation in Chinese Journalism and Communication

◎ 陈开和

Chen Kaihe

摘要:发展传播学是研究传播与国家发展之间相互关系的传播学分支学科,本文从我国新闻传播领域理论创新的必要性谈起,着重分析了发展传播学的主要发展阶段,及其对我国新闻传播领域理论创新的借鉴意义。文章认为,借鉴发展传播学的理念和价值取向,不仅有助于厘清国内学界对于新闻学和传播学之间相互关系的一些误区,也有助于我国新闻学理论的创新发展。

关键词:发展传播学,发展新闻学,中国新闻学

Abstract: As a branch subject of communication, development communication studies the interrelation between communication and national development. This article starts with the necessity of theory innovation in Chinese journalism and communication, emphatically analyzes the main developing stages of development communication and the significance for the theory innovation in this field. The author argues that the reference of development communication may not only clarify several academic misunderstandings about the interrelation between journalism and communication, but also contribute to the innovation of journalism theories.

Keywords: development communication, development journalism, Chinese journalism

从 1918 年北京大学开设新闻学课程,成立第一个新闻学研究团体算起,我国的新闻学教学与研究已经有 90 年的历史了。新中国成立以后,特别是改革开放以来,新闻学的学科建设受到高度重视。2004 年初,中共中央通过《关于进一步繁荣发展哲学社会科学的意见》,把新闻学列为国家重点发展的九大学科之一,新闻学的学科地位大大提高。与此同时,我国的新闻事业正在快速发展,新闻传播实践日益丰富。这些都为我国新闻传播领域的理论创新提供了可能性。

一、我国新闻传播领域理论创新的必要性

经过几代人的辛勤耕耘,今天我国的新闻学研究已经取得了丰硕成果。[1] 但是,在理论创新方面,近年来我国的新闻学研究"步伐显得缓慢,有时甚至给人以停滞不前的感觉"。[2] 可以说,与我国新闻传播实践的蓬勃发展相比,新闻学的理论创新是相对滞后的。因此,我国的新闻传播学术界还有大量工作要做。

作为社会主义国家,马克思主义新闻观是我国新闻学研究的主流和指导思想,这是不言自明的。与此同时,作为一个发展中的大国,我国的新闻传播事业有着自身的特殊规律,我们还必须积极推进理论创新,用发展的马克思主义新闻理论来回答和解决新闻事业发展中遇到的新情况、出现的新问题。我们都知道,马克思主义新闻学是一个开放的理论体系,因此,我们的新闻学研究应该开阔思路和视野,在借鉴传播学及其他学科知识的过程中逐步完善和发展自己,正如陈力丹教授所呼吁的,要加强"新闻学与其他学科的交叉研究",吸收其他相关学科的一些原理,"使之成为新闻学有机的一部分"。[3] 本文着重谈谈发展传播学对于我国新闻传播领域的理论创新所具有的借鉴意义。

在学科渊源上,不管是在西方还是在我国,新闻学都比传播学更早出现,施拉姆曾经把大众传播学称为"广义新闻学",认为大众传播学可以包括新闻学。[4] 传播学的概念进入中国,是在改革开放以后,国内刊物最早介绍传播学的时候,都是把它放在"新闻学"栏目下面。1979 年 5 月中国人民大学新闻系主编的《国际新闻界》第一期上面,刊登了张隆栋摘译的《公众通讯的过程、制度和效果》一文,是放在"新闻理论"栏目下面的;[5]1981 年 5 月复旦大学新闻系主编的《新闻大学》第一期,刊登了陈韵昭的文章《传学浅谈》,是放在"新闻学讲座"栏目下面。[6] 所以,可以说,国内学者早期引进传播学时,是把它作为新闻学的一个借鉴的。

后来,关于传播学与新闻学的关系,国内有很多讨论,有时甚至进行了很激烈的争论。有的认为传播学是拯救新闻学命运的活水;有的认为传播学是会让新闻学枯萎下去的祸水。现在比较普遍的看法是,传播学丰富了新闻学,传播学的理论和方法有助于改革和完善新闻学,但传播学并不能取代新闻学。笔者也同意这样的看法。然而,究竟传播学在哪些层面上丰富了新闻学(如受众理论、效果理论等),新闻学在哪些方面又是传播学所不能替代的(实践方面)。这些问题,学术界都还没有定论。[7]

本文的目的,是从传播学的一个分支,即发展传播学的角度,看看它对我国新闻学

和传播学的理论创新有哪些借鉴意义。

二、发展传播学的理论演变

作为传播学的一个重要分支,发展传播学诞生于上个世纪五六十年代,它的研究对象,是各种信息传播活动与国家发展尤其是广大发展中国家的现代化之间的关系。但西方早期的相关研究,并没有一个统一的名目,有的使用"development communication"一词,但更多的是用"communication and development"或"communication for development"一词。除了研究目的(即以传播促进国家发展)上的共通外,它至今并没有获得普遍认可的严格的学科边界,相关的理论虽然越来越成熟,但都还处在演变和整合的过程之中。[8]

大体上,发展传播学的进展可以分为三个主要阶段。

20 世纪 50 至 60 年代是发展传播学的初创阶段。这个时期,西方列强主导的全球殖民主义体系土崩瓦解,在亚洲、非洲和拉丁美洲的民族解放运动中诞生了一大批独立国家。但由于历史和现实的原因,许多第三世界国家的发展建设面临重重困难。随着东西方阵营"冷战"的开始,以美国为首的西方国家为阻止新独立的国家倒向社会主义阵营,以各种手段引导这些国家向西方资本主义体系靠拢。美国及西方一些发达国家的知识分子,在政府和部分私人团体的大力协助下,将研究焦点投向亚非拉社会,开展了对第三世界国家不发达原因及援助策略与措施的种种探讨。在此背景下,发展传播学作为发展研究的一个分支出现了。以埃弗雷特·罗杰斯(Everett Rogers)、丹尼尔·勒纳(Daniel Lerner)和施拉姆(Wilbur Schramm)等人为代表的一批学者纷纷提出了借助大众传媒来推进第三世界国家发展的各种理论模型和政策建议。在他们的著述中,媒体被认为能够有助于塑造社会成员的现代人格,促进新技术和新观念在社会各阶层的扩散,从而加速国家的现代化。

这些学者眼中的"现代化",是以欧美发达国家为蓝本的,因而他们所界定的国家发展中包含着深刻的个人主义价值观,强调的是每一个社会成员"现代人格"的形成。勒纳在《传统社会的消失》一书中把发展中国家的人区分为"现代人""传统人"和介于两者之间的"转型中人",他们之间存在着极大的"生活方式"(style of life)的差异,而媒介在这种差异的转化方面发挥着最关键的作用。[9]随着"传统人"的消失,"传统社会"也就消失了,取而代之的将是与西方社会没有太大差异的"现代社会"。至于发展中国家的传统文化和传统"人格"对于现代化的积极意义则被忽略了,甚至被当作是阻碍“现代化”发展而必将被抛弃的东西。在研究方法上，这一时期的发展传播学研究基本上是经验主义的，即以实证的方法对大众传播在社会中的功能和效果进行研究。

一方面是以个人中心主义的价值取向对落后国家的媒介与国家发展提供理论方案，关注的焦点是大众媒介的传播效果；另一方面，第一代发展传播学者的研究目的，又带有明显的国家中心主义(state-centric)色彩。比如，在20世纪50年代和60年代，麻省理工学院(MIT)的国际问题研究中心是传播学研究的重镇之一，它采用社会学方法，研究如何控制大规模人群的态度和行为，尤其是如何运用大众传媒去影响第三世界国家的社会发展。其经费大部分来自政府机构。[10]短短几年之内，MIT国际问题研究中心就完成了一系列国际传播问题的研究报告，其中专门给“国际传播”下了一个定义：它“是指通过言词(words)、印象(impressions)和观念(ideas)的交换，去影响不同民族之间相互之间的态度和行为”。[11]很明显，MIT的国际传播研究实际上是二战期间宣传战研究的继承和发展，其出发点是为美国政府及其决策者服务，是从属于政治的，离真正价值中立的客观研究非常遥远。当时还没有提出“发展传播学”这个概念，但从事实情况来看，这个时期美国的国际传播研究与后来所称的发展传播学研究，很大部分是重合的。

总之，西方学者主导了第一阶段的发展传播学研究，他们密切配合其政府在“冷战”时期的对外政策需要，因而在一定程度上也可以说是西方国家的政府主导的，它具有强烈的“西方中心主义”色彩，同时又兼具价值取向上的“个人中心主义”以及研究动机上的“国家中心主义”。但是，他们所研究的问题以及部分理论假设，至今仍有一定的参考价值。比如，罗杰斯所提出的创新推广的基本模式，至今仍被世界各地很多学者用作研究大众传播与农村发展之间相关性的一个理论基础。施拉姆关于大众传播媒介在发展中国家经济发展中的作用及发生作用的方式的论述，同样包含着一些合理的因素。[12]这些早期学者提出的理论模式也不断被新的研究所检验和修正，并被赋予新的意义。

20世纪70年代至80年代中期，是发展传播学的第二阶段。由于五六十年代的发展传播实践并没有明显地促进第三世界国家的现代化进程，因此传统的发展传播学理论受到来自发达国家内部和发展中国家学者的挑战。美国的赫伯特·席勒(Herbert Schiller)、乔治·格伯纳(George Gerbner)，欧洲的汉姆林克(Cees J. Hamelink)、诺登斯特朗(Kaarle Nordenstreng)等一大批欧美批判学派学者转而关切美国主导下的国际传播对发展中国家主权和文化自主权带来的冲击。[13]他们试图超越发展中国家的内在因素,从更广的视野来探讨第三世界国家所面临的发展困境。席勒提出的美国“媒介霸权”和“文化霸权”问题在学术界和国际社会引起较大反响。席勒认为,美国的大众传播媒介是美国国内军事集团、工业集团和传播集团相互结盟以维护其统治地位的工具。面对西方强势媒介刻意带来的文化控制,发展中国家的独立自主能力受到严重削弱,它们对以美国为代表的西方发达国家的依赖也就更加无法摆脱了。在这样的视角之下,批判学派的学者们认为,发展中国家的当务之急是尽可能地切断与发达国家大众媒介的联系,制定合理的国内政策,建立独立自主的国内传播体系。[14]

与此相呼应,一批第三世界国家学者在对五六十年代的现代化理论强烈质疑之余提出了依附理论,从经济视角强调导致第三世界贫穷的外在因素,并且延伸至文化、科技和政治等领域,深入地探讨制约发展中国家社会进步的内外因素。在国际舞台上,以联合国教科文组织为中心,对于发展与传播的讨论重心也发生了转移,批判学派的观点成了国际论坛的新主流,美国的“媒介帝国主义”成为被广泛攻击的主要对象。1980 年,联合国教科文组织“研究传播问题国际委员会”发表的研究报告《多种声音,一个世界》,支持了建立世界新闻传播新秩序的基本构想。[15]在传播与发展的相互关系问题上,国际社会明显地出现了第三世界国家与欧美发达国家之间的集体对抗局面,西方国家在这个问题上的理论“话语权”的垄断逐渐被打破。

第二阶段的发展传播学研究,颠覆了第一阶段研究中以发展中国家国内因素来解释和推动发展的传统范式,跨国控制以及国内自主问题成为学者们关注的中心。考察当时的国际关系背景可以清楚地看到,发展传播学批判学派的兴起,与六七十年代国际政治的变迁刚好相互呼应,在某种程度上可以说是学术取向与政治趋势相互配合的另一个例子。当时的国际趋势,是越来越多的亚非拉国家摆脱了殖民统治,获得民族独立,面对西方强权主导下的不公正国际政治经济秩序,广大第三世界国家在国际上采取联合自强的策略。类似不结盟运动(Non-Aligned Movement,NAM)的发展中国家组织,成为国际社会中一股重要力量。在第三世界国家的推动下,国际传播不平衡问题被提到了包括联合国在内的一些重要国际组织的议事日程上,联合国教科文组织成为讨论国际传播秩序问题的主要讲坛。从 20 世纪 60 年代末开始,联合国教科文组织多次召开专家会议,讨论国际传播问题。在 80 年代中期之前,联合国教科文组织几乎每年都通过关于建立国际传播新秩序的决议或声明,要求发达国家更多地重视媒体的社会责任,帮助发展中国家建设传播基础设施,促进国际新闻和其他信息更加公正和平衡地流动。[16]欧美不少批判学派的学者,如诺登斯特朗、汉姆林克、穆拉纳(Hamid

Mowlana)、洛奇(Colleen Roach)等,都曾在这段期间直接参与联合国教科文组织的研究项目。随着美国、英国先后退出联合国教科文组织,该组织作为国际传播论坛的作用也逐渐减弱了。国际传播秩序问题在国际组织和国际会议中似乎不再成为焦点,批判学派的学者并没有完全放弃自己的研究,但他们的声音似乎也更加微弱了。[17]

"冷战"结束以后至今的20年,是发展传播学理论进展的第三个阶段。随着"冷战"的结束,国际社会的集团对抗现象不再,但广大发展中国家在加速进行的全球化进程中面临着许多新的挑战。发展传播学的核心议题,即如何利用传播媒介促进国家的发展,仍是一个具有重要理论和现实意义的课题,但是西方学者的研究视角和重点则随着时代的变迁再度发生了很大变化。

随着全球化进程的加速发展,包括原来的批判学派学者在内的许多西方学者开始试图超越传统的"国家"和"国际"的视角,从更宽广的全球和平与发展的角度来审视传播问题,并出现了一批比较重要的著作,比如,在1996年出版的《变迁中的全球传播:多样性的终结》一书中,穆拉纳就用了很大篇幅探讨全球传播对本土社区(community)、国家以及全球发展带来的新冲击,主张在认识论层次上调整我们的取向(epistemological reorientation),以开放的态度和全球的视野,努力超越本土语言和文化的局限,真正从"全球的角度"(global approach)来研究传播与发展的关系问题。[18]欧洲学者、国际大众传播研究协会(International Association for Mass Communication Research)前主席汉姆林克早期以很大热情关注发展中国家的文化自主(cultural autonomy)问题,他曾经呼吁并亲自参与联合国教科文组织在推动建立国际传播新秩序方面的工作。[19]但是,90年代以后,他的写作出现了明显变化,开始更多地强调国家之间的政策协调而不是对抗,并主张更多地从人的角度来进行研究,因为"所有的人都是重要的",而世界上现存的种种政治机构并不都符合这样的原则。因此,在他看来,人权就成为发展传播学研究的最重要的出发点。[20]其他许多批判学派的学者,也力图矫正传统国家中心主义的方法,从更广的角度来看传播与发展问题。[21]

就国内层面而言,这个时期的发展传播学者,非常重视基层民众对传播过程的参与,他们更多地强调以人为中心的发展,提出了"参与式传播"(participatory communication)的理念。因此,在大众媒介之外,人际传播和组织传播的重要性被大大提升了。此外,与早期以西方国家为中心和蓝本的发展传播学主张不同,这个时期的学者更多地强调"因地制宜"的必要性,不认为在传播与发展的关系问题上存在着普遍有效的单一模式。他们认为,不同的社会背景和发展阶段的国家,可以有不同形式的民众"参与"传播的方式,"也许并不存在适合所有文化的理论概括和应用方式"。[22]

对于西方主导的传播体系,他们不再主张全面抵制和对抗,而是在维护自主能力的前提下,有选择地参与其中并开展和平对话。作为新一代发展传播学的代表人物,夏威夷大学的伊朗裔传播学者德黑兰尼安(Tehranian)提出,在国家发展过程中,新闻传播应该努力促进保存本土文化、维护民族特征和民族自信心。他认为,发展中国家可以有选择地参与资本主义体系,但在对外开放的同时要保持民族的独立自主,避免受到外国控制。至于具体的发展道路,由于各国发展阶段和文化背景各不相同,应该鼓励多元探索。[23]因此,这个时期的发展传播学继续关注媒体在国家发展中的作用这个焦点,但改变了以往把国内因素或国际因素作为唯一变量的理论模式,更多地强调了国内外因素的平衡,以及政府与民间力量的平衡。应该说,这是对前两个阶段发展传播学的超越。

三、发展传播学对我国新闻传播领域理论创新的借鉴意义

我国学者对于"传播与发展"这个领域的引介,最早是在 1982 年。有意思的是,当时并不是直接去阅读西方相关的著述,而是通过翻译苏联学者的文章来批判西方学者的相关研究。1982 年第 4 期的《国际新闻界》上刊登了一篇经过编译的、题为《西方传播学向发展中国家的输出》的文章,这篇译文的来源是莫斯科大学新闻系主任查苏尔斯基主编的《资产阶级的新闻理论》一书。[24] 1982 年《国际新闻界》上的这篇编译文章,介绍了西方学者有关"传播与发展"的一些著作,包括施拉姆的《大众传播工具与国家发展》、席勒的《传播与文化霸权》等等,文章把它们通通都当作必须加以批判的"西方资产阶级新闻学",认为是西方向发展中国家进行渗透和控制的工具。

又过了 7 年,到 1989 年,在复旦大学的《新闻大学》期刊上,才第一次出现了比较客观的介绍"发展传播学"的文章,[25]至今大约有 20 年时间。那么,发展传播学对于我国新闻传播领域的理论创新到底有哪些借鉴意义?笔者认为至少有三个方面的意义。

首先,发展传播学的理念和价值取向,有助于厘清国内新闻传播界对于新闻学和传播学之间相互关系的一些误区,有助于传播学与新闻学之间更好地交叉和融合。尽管发展传播学起源于西方且流派繁多,但它所关切的问题是始终如一的,那就是如何更好地运用包括新闻传播在内的各种信息传播手段,促进国家的发展进步和现代化建设。这就是发展传播学所具有的"理想性",就是说,发展传播学里面包含着一种理想和追求,对于社会发展进步和国家现代化进程的推动,具有明显的价值取向(或者叫理想性)。这种理想性,与新闻学的理想性是相契合的。国内有学者反对把传播学引入新闻学中,就是因为他们担心这样做会淡化新闻学的理想性,淡化新闻教育中所应该具有的社会责任

感和使命感。甚至有的学者曾经做了这样的对比,认为新闻学是为公众利益服务的,而传播学“服务的最终目标不是广大的公众,而是各种利益集团”,因而担心传播学理论会“抹杀新闻学的特点和价值,使新闻学枯萎下去”。[26]那么,发展传播学所具有的理想性和价值追求,或许可以减少部分新闻学者在这方面的担心。

事实上,正是基于对国家整体发展的关切,才使得许多第三世界国家对发展传播学的研究产生了兴趣,前面提到的第二阶段的发展传播学理论,就包含着许多来自第三世界国家的学者的贡献。因此,借鉴发展传播学的研究成果,促进我国的新闻传播领域的理论创新,是很有意义的。

我国学者的相关研究虽然起步晚了几十年,但改革开放以来,尤其是近 20 年来,有关传播与发展关系的研究队伍在不断壮大,相关著述日益增多。但是由于缺乏一个比较完善的理论框架,很多研究成果难以形成累积和整合,显得比较零散,妨碍了研究的深化。近年来,学术刊物上偶尔也能看到相关的综述类文章,但深度和广度都还有待加强。国外的发展传播学研究经过几代人的探索,在理论框架、研究范围和研究方法等方面都积累了相当多的成果和经验。因此,强化对国外发展传播学研究进展和成果的批判吸收是必要的。

其次,借鉴发展传播学的成果,有助于建构有中国特色的发展新闻学。发展新闻学(developmental journalism)是在发展传播学的演变过程中出现的,它关注的是发展中国家的新闻传播与国家发展之间的关系问题,体现了以促进国家发展为导向的新闻理念和价值观。由于国内学术界长期以来在新闻学与传播学的关系问题上存在着争论等多方面的原因,发展传播学积极的研究成果还没有被充分地整合到我国的新闻学理论中,“发展新闻学”在国内新闻传播领域的理论论述中甚为少见。[27]事实上,我国作为发展中的大国,不管是政府还是学术界,都高度重视新闻传播与社会发展之间的联系,因此,发展新闻学的价值取向和研究成果,很多都是非常适合中国国情的,比如,新闻价值观方面的“对社会发展有利”“以正面报道为主”等,都值得借鉴。

源于西方的发展传播学与我国的马克思主义新闻学之间有没有共通之处?事实上,这两者之间不仅不会相互排斥,而且还存在着很好的理论结合点。发展传播学虽然源于西方,但是作为一个学科,它的发展演变并非西方所能垄断。即使在西方国家内部,也仍有许多愿意站在全球立场来批判国际传播的不公正、不平衡现象的学者,虽然他们在西方不是主流学派。正如陈卫星教授所言,“正是在传播学这个领域,一批坚持马克思主义社会观的西方学者在最严肃地批评资本主义的市场逻辑和霸权主义的强权政治,揭露发达国家与发展中国家之间的传播不平等”。[28]已故的席勒教授就是一个典型的例子。促进发展也是马克思主义的核心,马克思在《资本论》等著作中大量论述了生产力发展、制度创新以及人自身发展这三者之间的关系,“马克思主义的社会主义当然是把社会利益、国家民族的利益摆在第一位,而不是把个人利益摆在第一位”。[29]就新闻传播领域而言,马克思主义新闻观高度重视新闻传播与国家发展的关系,有学者认为,“新闻传播活动必须促进社会的进步与发展,是马克思主义新闻观的核心和不变的观点”。[30]马克思主义新闻观本身也是与时俱进不断创新的产物,“在坚持开放的前提下,在继承传统的基础上,不断吸纳营养,不断地改革创新是新闻理论和新闻实践永远的话题,也是我们新闻学研究所要遵循的原则和所要达到的目的”。[31]总之,发展传播学作为一个演变中的学术领域,其研究成果,能够也应该成为我国新闻学理论体系的发展借鉴。

最后,发展传播学的最新趋势,与我国当代的发展理念和新闻传播实践有着高度的契合之处。冷战结束后,发展传播学强调在国内传播活动中以人为本,在保持自主性的前提下加强国际交流与对话等理论观点,与我国的新闻理念和实践是高度一致的。对这种一致性认真地加以分析和研究,有利于促进我们与国际社会在新闻传播领域的理念和实务方面的交流与合作。

注释:

1. 参看赵玉明、郭镇之:《中国新闻学教学和研究 80 年》,《现代传播》1999 年第 2 期、第 3 期;郑保卫:《试论我国新闻学的学科地位及学科发展》,《中国人民大学学报》2005 年第 2 期;宁树藩:《关于新闻学理论研究历史与现状的对话》,《新闻大学》1997 年冬季号。
2. 郑保卫:《试论我国新闻学的学科地位及学科发展》,《中国人民大学学报》2005 年第 2 期,第 130 页。
3. 陈力丹:《积极推进新闻学学科建设》,《新闻知识》2002 年第 9 期,第 1 页。
4. 张隆栋:《美国大众传播学简述》,《国际新闻界》1982 年第 2 期,第 5 页。
5. 张隆栋:《公众通讯的过程、制度和效果》,《国际新闻界》1979 年第 1 期,第 39 页。
6. 陈韵昭:《传学浅谈》,《新闻大学》1981 年第 1 期,第 29 页。
7. 可参看齐爱军:《新闻学与传播学的学科特质比较分析》,《国际新闻界》2006 年第 7 期;董天策:《论新闻学与传播学之间的分殊与吸取》,《当代传播》2008 年第 5 期。
8. Srinivas R.Melkote,“Communication for Development in the Third World: Theory and Practice”.*New Delhi*: *Sage*,1991.

9.Deniel Lerner,"The Passing of Traditional Society: Modernizing the Middle East", Glencoe,Illinois,*The Free Press*,1958,p.438.

10.Hamid Mowlana,"Global Communication in Transition: The End of Diversity", London: Sage Publications,pp.6-7.

11.Hamid Mowlana,"Global Communication in Transition: The End of Diversity", London:Sage Pulbications,p.9.

12.孙聚成:《信息力——新闻传播与国家发展》,人民出版社2006年版,第102-106页。

13.参看Herbert I.Schiller,*Mass Communications and American Empire*,New York: Augustus M.Kelley Publishers 1970; Herbert I.Schiller, *Communication and Cultural Domination*, New York: M.E.Sharpe 1976; Kaarle Nordenstreng and Herbert I.Schiller eds., *National Sovereignty and International Communication*, Norwood, New Jersey: Ablex Publishing Corporation 1979.

14. Cees J. Hamelink, *Cultural Autonomy in Global Communications: Planning National Information Policy*.London: Longman,1983.

15.殷晓蓉:《战后美国传播学的理论发展:经验主义和批判学派的视域及其比较》,复旦大学出版社2000年版,第206页。

16.参看联合国教科文组织国际传播问题研究委员会:《多种声音,一个世界》,中国对外翻译出版公司1981年版。

17.参看Jorg Becker,Goran Hedebro,Leena Paldan,eds., *Communication and Domination: Essays to Honor Herbert I.Schiller*,Norwood,New Jersey: Ablex Publishing Corporation 1986; Herbert Schiller, *Living in the Number One Country*, New York: Seven Stories Press 2000.

18.Hamid Mowlana,*Global Communication in Transition: The End of Diversity*,London: Sage Publications,Inc.,1996,p.210.

19. Cee J. Hamelink, *Cultural Autonomy in Global Communications: Planning National Information Policy*,New York: Longman Inc.1983.

20. Cees J. Hamelink, *The Politics of World Communication*, London: Sage Publications Ltd.,1994.

21.参考Kaarle Nordenstreng and Herbert Schiller eds.,*National Sovereignty and International Communication*, Norwood, New Jersey: Ablex Publishing Corporation, 1979; Kaarle

Nordenstreng and Herbert I. Schiller eds., *Beyond National Sovereignty: International Communication in the* 1990*s*, Norwood, New Jersey: Ablex Publishing Corporation 1993。

22. Srinivas R. Melkote, *Communication for Development in the Third World: Theory and Practice*. New Delhi: Sage, 1991. pp. 270–271.

23. 孙聚成:《信息力——新闻传播与国家发展》,人民出版社 2006 年版,第 113 页。

24. 赵水福、宋耿编译:《西方传播学向发展中国家的输出》,《国际新闻界》1982 年第 4 期(总第 15 期),第 2–4 页。

25. 就笔者目前所见,以"发展传播学"一词为题的文章最早出现在《新闻大学》1989 年第 4 期《发展传播学简介》一文。当时,西方学者已经开始使用"development communication"一词来指称这个研究领域。

26. 李希光:《新闻记者的摇篮还是传播者的温床? ——21 世纪新闻学教育思考》,《新闻记者》2001 年第 1 期,第 24、25 页。

27. 罗鸣主编:《中国发展新闻学概论》,社会科学文献出版社 2010 年版。

28. 引自袁军、龙耘、韩运荣:《传播学在中国》,北京广播学院出版社 1999 年版,第 53 页。

29. 黄枬森:《马克思主义与'以人为本'》,载田启波:《发展主义的反思与超越》,社会科学文献出版社 2010 年版,第 2 页。

30. 罗鸣主编:《中国发展新闻学概论》,社会科学文献出版社 2010 年版,第 12 页。

31. 郑保卫:《从"保卫新闻学"到"发展新闻学"——当前我国新闻学学科建设之我见》,载张毓强主编:《新闻学十年(1998–2008)》,中国传媒大学出版社 2010 年版,第 200 页。

〔陈开和,北京大学新闻与传播学院副教授〕

风险沟通与公众参与:重构阐释框架

Risk Communication and Public Participant : The Reconstruction of Interpretation Frame

◎ 曾繁旭　王宇琦

Zeng Fanxu　Wang Yuqi

摘要:风险社会的语境,凸显出风险沟通和风险决策过程中公众参与的重要性。对风险社会中公众参与行为的考察,需要重构阐释框架,并理解其背后逻辑。具体而言,有必要突破传统的国家-社会的二元对立视角,将对公众参与行为的研究纳入风险社会的理论框架之中重新考察。公众参与行为的背后逻辑,植根于民众"社会理性"与风险管理者"科学理性"之间的断裂,因此作为风险管理者的政府与作为风险承担者的公众都需要展开反思,以提升双方的沟通和对话能力。

关键词:风险沟通,公众参与,话语框架,科学理性,社会理性

Abstract: The context in risk social emphasizes the importance of public participant in risk communication and risk decision making. The interpretation frame of the investigation into public participant in risk social should be reconstructed. The logic behind the theory should be understood. Specifically, it is necessary to break the old dual-opposite perspective about national-society, and reconsider public participant in the theoretical framework of risk society. The internal logic of public participant roots in breakage between social rationality for public and scientific rationality for risk managers. The government, the risk managers, and the public should reconsider to promote communication with each other.

Keywords: risk communication, public participant, discourse frame, scientific rationality, social rationality

一、风险沟通视角下的公众参与

工业化和市场化的推进,正使现代社会逐渐具备风险社会的特征[1]。风险社会的语境,尤其需要与其相适应的风险沟通和公众参与机制。

贝克认为,风险社会需要再造一种与自反性现代化相适应的新政治,而这种新的政治形式一定程度上建立在“亚政治”的基础上。[2]“亚政治”具体表现为自下而上的公民参与,从前未卷入政治决策过程的公民个人和公民团体有越来越多的机会在社会安排中获得发言权和参与权。[3] 因此,政府部门需要重新审视“亚政治”语境下的公众参与,将其理解为建立在民众主动政治参与和谈判协商基础上的良性沟通,而非激烈的对抗。

专注于环境风险与传播研究的学者 Cox 将公众参与进行了细致定义:公民个人或公民团体通过(1)对风险信息的获取;(2)对风险决策机构的评价与监督;(3)借助司法机关使政府部门和企业等风险管理机构对他们的风险决策行为负责等方式,影响风险决策的过程。[4] 在他看来,风险决策中的公众参与,体现出了对公民知情权(right to know)、公共批评权(right to public comment)和诉讼权(right of standing in courts)的尊重。[5]

具体而言,在一些西方国家,风险决策过程中比较成熟的公众参与机制包括听证会、公民倡议、公众调查、协商立法和公民审查小组等多种形式。[6] 而在中国,这些公众参与机制相对缺失或欠成熟,这在一定程度上也导致了大量风险沟通失败的案例。[7]

正因如此,学者们呼吁,完善的公众参与机制需要建立一个纵向横向整合的国家风险信息发布和监督网络,将从中央到地方的风险相关方,包括媒体、政府部门、企业、NGO 和普通公民等利益主体都纳入进来。[8] 此外,也要通过公众教育,提高公民的科学素养和风险认知能力。[9]

事实上,风险决策的技术性与专业性,并不是将民众排除在风险决策之外的理由。有效的公众参与会将更多元的价值观点带入风险决策中,减少决策失误的几率,[10]而且能使决策更合法化、更加科学。[11]此外,健全的公众参与机制,对于社会信任的重建至关重要。缺乏公众参与机制的单纯信息发布和技术科普,只能带来微乎其微的风险沟通效果,[12]甚至反而加剧民众对风险机构的现有信任危机。[13]

以环境风险议题为例,公众参与机制的建立,会促进民众更积极地参与到环境议题的意义讨论与公共辩论中,从而促进“绿色公共领域”的发展。“绿色公共领域”(green public sphere)是民众对主流环境话语的质疑和挑战场域,且能作为批评环境风险决策和探求备选方案的场所,充当着对环境风险决策者“常设提醒人”的角色。[14]

二、阐释框架:超越政治话语

然而,随着各种线上公众参与(online participation)和线下公众参与(offline

participation）现象的日渐兴起，中国社会对于公众参与行为的阐释形成了两套话语框架：公众权益话语框架和官方话语框架。

公众权益话语框架，将公众参与理解为一种社会行动，强调这是民众权利意识觉醒与社会渐趋多元的结果。这些学者往往假定公民行动的理性特质，运用社会运动的各种理论概念，如资源动员、行动剧目、政治机会等，[15]对一些民众抗争行动展开讨论。

官方话语框架，则将公众参与现象定义为“非理性”，并常常将公众归结为过错方。在这种话语框架下，民众对于风险议题的感知与表达，往往被认为是谣言蛊惑；民众以公共利益为诉求的各种参与行为，往往与“一小撮人”“不明真相的群众”“别有用心”等字眼联系在一起。[16]

事实上，以上两套话语皆来源于国家-社会的二元对立视角，都带有强烈的意识形态立场。而在风险社会中，风险日益成为重要的社会问题和政治问题，并逐渐成为支配公众、政治以及私人争论和冲突的重要力量。[17]为此，对公众的参与和抗争行为的分析，也可突破传统的国家-社会对立视角，纳入风险社会的理论框架重新加以考察，从而更好地理解公众的风险感知、媒介的框架建构、专家对于信息的争夺、不同利益相关方的风险沟通，以及信任的缺失与重建等问题。

三、公众参与的背后逻辑：社会理性与科学理性的博弈

事实上，民众针对风险议题形成的强烈反应和参与行动，很大程度上来源于民众对特定风险的感知与事实风险之间的巨大差异。在风险发生的可能性等问题上，专家“科学理性”和民众“社会理性”之间已经形成断裂和缺口。[18]

公众的参与和表达，遵循着“社会理性”的风险感知逻辑。风险社会的发展，使得普通民众逐渐对从传统工业社会延续下来的科学理性产生怀疑，[19]开始寻求自主界定风险的方式。他们往往从直觉出发作出判断，[20]且更为强调风险导致灾难的潜在可能性和事故的破坏性，而非冷冰冰的风险概率与计算公式。[21]

公众的这种风险感知方式有时却与“科学理性”大相径庭。技术风险相对低的事件，有时会被民众理解为高危险性的事件，导致感知风险显著高于事实风险的“风险放大”现象。[22]风险放大的过程，往往伴随着民众的愤怒情绪，[23]有时更导致了不符合“程序理性”的过激行为。因此，有学者担心，风险议题当中的民众可能会被利益集团煽动而发起群体性事件，沦为自己行动的牺牲品。[24]

然而需要承认的是，公众学习、解读风险信息的过程，受到信息争夺、制度结构、社

会团体行为和个体反应等多重因素的共同影响。[25]因此,风险社会语境下的民众诉求和参与行为,正是一个复杂风险机制的结果,不能简单归结为民众的非理性与过失。

从风险传播的视角出发,作为风险管理者的政府与作为风险承担者的公众都需要反思。事实上,政府与公众之间如何建立新的伙伴关系,并促进彼此的良性对话,正是风险沟通研究着力要探讨的核心问题。[26]在其中,尤为重要的是,政府要尊重民众的社会理性,从风险传播的视角去理解公众的风险感知与行为逻辑,进而反思和改善自身的风险沟通行为。正如学者们所指出的 ,公众对于风险的反应直接来源于他们对风险的技术影响和社会影响的关注,[27]这些风险议题与他们的切身利益紧密相连。因此政府只有真正理解民众的风险感知逻辑,才能发现民众风险认知背后"潜藏的理性"(hidden rationality)[28]。

另一方面,公众也需要通过反复的自我教习,提升沟通和参与的能力。比如说,加强科学素养、媒介素养,增加与专家和专业机构的互动,加强程序观念、理性表达等,这样才更有利于培育双方信任,走出风险沟通的当下困境。

〔本文系清华大学自主科研计划课题"绿色发展时期的环境风险与媒介传播"(项目编号:20131089348)的研究成果〕

注释:

1.〔德〕乌尔里希·贝克:《风险社会》,何博闻译,译林出版社 2004 年版。

2.3.〔德〕乌尔里希·贝克:《再造政治:自反性现代化》,载〔德〕乌尔里希·贝克、〔英〕安东尼·吉登斯、〔英〕斯科特·拉什:《自反性现代化:现代社会秩序中的政治、传统与美学》,赵文书译,商务印书馆 2001 年版。

4.5. CoxR. (2010): *Environmental Communication and the Public Sphere* (2nd Edition), Sage Publications.

6. Fiorino D. J. (1990), "Citizen Participation and Environmental Risk: A Survey of Institutional Mechanisms". *Science Technology & Human Values*, 15(2) 226-243.

7.在什邡事件后,四川省环保厅厅长姜晓亭总结称,如果什邡项目中让公众参与得更充分一些,宣传解释做得更到位一些,什邡事件的后果也许会不同。参见吕宗恕:《四川环保厅长回应什邡钼铜争议:公众参与多一点,结局或不同》,http://www.infzm.com/content/97751。

8. Zhao Y. Z. (2013): "Media and Communications Policies for Improving Public

Participation in China's Green Development", *CCICED Special Policy Study Draft Short Report*.

9. Hungerford H. R. & Volk T. L. (1990), "Changing Learner Behavior Through Environmental Education", *The Journal of Environmental Education*21(3)8–21.

10. Fiorino D. J. (1990), "Citizen Participation and Environmental Risk: A Survey of Institutional Mechanisms", *Science Technology & Human Values*15(2)226–243.

11. Renn O. Webler T. Rakel H. Dienel P. & Johnson B. (1993), "Public Participation in Decision Making: A Three-step Procedure", *Policy Sciences*26(3)189–214.

12. Kasperson R.E.(1986):"Six Propositions on Public Participation and Their Relevance for Risk Communication", *Risk Analysis*6(3)275–281.

13. Fiorino D. J. (1990):"Citizen Participation and Environmental Risk: A Survey of Institutional Mechanisms", *Science Technology & Human Values*15(2)226–243.

14. [澳]约翰·德莱泽克:《地球政治学:环境话语》,蔺雪春、郭晨星译,山东大学出版社 2008 年版。

15. Yang G. B. (2009), *The Power of the Internet in China: Citizen Activism Online*, New York: Columbia University Press.

16. 唐昊:《中国街头抗争型环境运动意味着什么?》, http://www. chinadialogue. net/article/show/single/ch/5049-Shifang-a-crisis-of-local-rule。

17. [德]乌尔里希·贝克:《再造政治:自反性现代化》,载[德]乌尔里希·贝克、[英]安东尼·吉登斯、[英]斯科特·拉什:《自反性现代化:现代社会秩序中的政治、传统与美学》,赵文书译,商务印书馆 2001 年版。

18. [德]乌尔里希·贝克:《风险社会》,何博闻译,译林出版社 2004 年版。

19. [德]乌尔里希·贝克:《从工业社会到风险社会(下篇)——关于人类生存、社会结构和生态启蒙等问题的思考》,王武龙编译,《马克思主义与现实》2003 年第 5 期。

20. Fiorino D. J. (1989), "Technical and Democratic Values in Risk Analysis," *Risk Analysis*9(3)293–299.

21. [德]乌尔里希·贝克:《风险社会》,何博闻译,译林出版社 2004 年版。

22. Kasperson R.E. Renn O. & Slovic P. Brown H.S. Emel J. Goble R. & Ratick S. (1988) "The Social Amplification of Risk: A Conceptual Framework", *Risk Analysis*8(2) 177–187.

23. Sandman P. (2003), "Four Kinds of Risk Communication", http://www. psandman.

com/col/4kind-1.htm.

24.严定非:《什邡后遗症:“这是整个国家的困惑”》, http://www. infzm. com/content/105194。

25.Kasperson R.E.Renn O.& Slovic P.Brown H.S.Emel J.Goble R.& Ratick S.(1988):“The Social Amplification of Risk: A Conceptual Framework”,*Risk Analysis*8(2),177-187.

26. Covello V. & Sandman P. M. (2001): “Risk Communication: Evolution and Revolution”, *Solutions to an Environment in Peril*, 164-178.

27.Slovic P.(1993),“Perceived Risk Trust and Democracy”, *Risk Analysis*13(6),675-682.

28.Renn O.(1992),“Risk Communication: Towards a Rational Discourse with the Public”,*Journal of Hazardous Materials*29(3),465-519.

〔曾繁旭,清华大学新闻与传播学院副教授;王宇琦,清华大学新闻与传播学院博士研究生〕

媒介视阈下中国农民观念转型与形象的建构

——基于中国知网“媒介与农民”研究的文献

Chinese Peasants’ Idea Transformation and Image Construction in the View of Media

——Based on the studies of “Medium and Farmers” on CNKI

◎ 佘世红

She Shihong

摘要：本文按照“媒介使用与影响”“媒介形象”与“媒介素养”等几个维度对中国知网收录的媒介与农民相关文献的研究主题进行了分类统计，并在此基础上重点综述了媒介对中国农民观念转型的影响与农民媒介形象的建构。本文认为，媒介是中国农民现代化观念转型的重要驱动力，媒介不仅在中国农民的社会变迁中扮演重要角色，而且也在中国农民的城市化转型中扮演着重要角色。同时，媒介不仅将中国农民的身份分化成传统农民、农民工和失地农民三个类型，更重要的是媒介在不同阶段建构着差异化的农民形象。

关键词：农民，观念转型，媒介形象建构

Abstract：This paper, in accordance with dimensions such as “media use and influence”,“media image” and “media literacy”，analyzed the whole essays issued on China’s media and peasants on CNKI, and summed up the influence of the media on Chinese peasants, idea transformation and the way to construct peasants’ media image. The author believes that the media is the important driving force of Chinese peasants’ modernization idea transformation, the media not only plays an important role in the social changes of China’s farmers, but also plays an important role in the peasants’ urbanization transformation. At the same time, the media not only divides the identity of the Chinese peasants into three types: traditional peasants, migrant workers and landless peasants, the more important thing is media in different stages construct different peasant’s image.

Keywords: the farmer, the concept of transformation, construction of the media image

随着以互联网为代表的数字媒介和移动媒介的兴起，毫无疑问人类已经进入了一

个高度“媒介化”的社会,媒介俨然成为人类生活中不可或缺的一个重要组成部分。在传播学史上,媒介效果的研究已经经历了从“魔弹论”、“传播流”理论、“有限效果论”到“协商效果论”四个历史时期。事实上,媒介效果的研究一直是传播学研究的核心,也就是说整个大众传播研究是建立在媒介具有重大效果的假设之上的。那么,大众媒介和以网络为代表的新媒介对中国的农民群体必然会产生一定程度的传播影响。可以说,媒介不仅在各种载体上建构着农民的形象,也对农民的观念转型产生着一定程度的影响,正如陈力丹教授所言:“信息的效益不是永恒的,观念的变革才具有长效性。”①毫无疑问,媒介传播给农民带来的由传统转为现代的观念变迁对我国顺利推进城市化建设尤为重要。目前,我国城市化建设已经进入了一个复杂期和深入期,农民真正意义上的市民化转型成为核心问题。党的十八大报告明确指出,要推动城乡一体化,加快农民市民化的转型。因而,研究媒介对我国农民观念转型产生的影响以及媒介形象建构的变迁具有非常重要的现实意义。本文采用的研究方法主要是内容分析法,选择的研究对象是中国知网中“农民与媒介”相关研究的文献,本文在梳理媒介与农民研究相关文献的基础上,总结媒介对我国农民观念变迁产生的影响以及农民媒介形象建构的变迁。

一、基于中国知网的媒介与农民研究的主题分布

英国著名人类学家 M.布洛克曾说,学术界“在议论究竟什么是农民时面临巨大困难”。在当代发达国家,“农民”完全是个职业概念,指的就是经营农场、农业的人。

而在许多发展中国家,无论在研究中还是在日常生活的语境中,人们谈到“农民”时都并不仅仅是局限于一种职业,而且也是一种身份或准身份,一种生存状态,一种社会等级,一种社区乃至社会的组织方式,一种文化模式乃至心理结构。②在我国快速发展的城市化进程中,我国农民的身份已发生了重要的变迁。目前,我国的农民基本可以分为三种:其一是从事农业生产的农民,其二是进入城市打工的农民工,其三是失去土地的失地农民。由于国际上关于“农民”并没有统一的定义,而中国的农民身份主要是以户籍来区分的,农民工和失地农民多数保留了农民户口,那么本文研究的农民是广义的农民,既包括传统意义上的农民,也包括农民工和失地农民。

笔者于 2014 年 11 月 27 日在中国知网里分别输入“媒介”和“农民”、“农民工”和“失地农民”,发现媒介与农民的相关研究的文献有 83 篇,媒介与农民工的相关研究文献为 145 篇,媒介与失地农民的相关研究文献只有 5 篇,总共 233 篇相关研究文献

（见表1）。[③]相对于其他一些热门议题来说，这个研究的数量不算多，但新闻传播类的一些高级别学术期刊（如《新闻与传播研究》《现代传播》等期刊）已经关注农民和媒介研究的问题。在研究议题上，农民与媒介的研究多集中于农民的媒介接触、使用与影响研究，达到119篇；其次是农民的媒介素养方面的研究，有53篇；再次是农民的媒介形象的研究，有40篇；其他相关研究（包括农民的媒介话语权、媒介责任等相关研究）有21篇。另外，从媒介与传统农民、农民工与失地农民的相关研究文献的数量来看，学者们更多关注媒介与农民工方面的问题，其次是媒介与传统农民的研究，而对失地农民的关注非常少。这和近十年我国农民工数量的蓬勃增长以及不断进入公众视线的农民工问题有紧密的关联。但近些年我国失地农民也呈井喷式增长，失地农民已经引起了社会学者极大的关注，而传播学者对失地农民的研究却存在一定的缺失。

表1　中国知网中关于农民与媒介研究的主题

	传统农民	农民工	失地农民	总共
媒介使用和影响	52	63	4	119
媒介形象	3	37	0	40
媒介素养	23	29	1	53
其他	5	16	0	21
总共	83	145	5	233

二、媒介：中国农民现代化观念转型的重要驱动力

媒介对农民的影响主要表现在促使农民现代观念的转型上。最具代表性的研究是美国传播学者柯克·约翰逊的《电视与乡村社会的变迁——对印度两村庄的民族志调查》，他以传播学民族志的方法探讨了印度的电视对乡村社会带来的变迁。约翰逊博士以乡村与电视不断发展的关系以及电视在社会变迁中所起的作用为语境，来描述印度的乡村。他以生动的语言描述了电视对印度乡村农民的生活带来的变迁，这种变迁既包括价值观念的变迁，也包括日常的生活仪式和行为的变迁。[④]20世纪80年代之后，我国关于农村与媒介的相关研究逐渐兴起。学者们也特别关注媒介与中国农民现代化观念转型的问题，采取的研究方法主要是实证研究，包括量化研究和质化研究，研究的对象通常是选择某个区域（乡镇或村庄）的农民，研究的农民群体包括传统农民、农民工和失地农民。

(一) 媒介在我国农村社会变迁中扮演重要角色

我国学者方晓红教授是国内较早关注媒介与农民相关问题的人,她以实证调查的方法研究了苏南农民的媒介接触行为和媒介消费的现状。她的调查发现,在现代传播媒介的作用下,大众文化开始进入乡村文化,农民角色内涵正在发生迁移,农村受众开始分化。对于农村受众而言,娱乐性节目更易影响其观念的变更;农村对社会热点的关注与城市趋同,从而构建了与城市文明对话的平台。⑤陈力丹、陈俊妮在《论传媒在"新农村"建设中的作用》中指出,对于农民来说,媒介的参与是少有的能够直接接触外界文明的途径,因而媒体不能仅满足于一般的沟通消息,而要成为改变农村落后观念意识的理性力量。⑥尤游在其博士论文《社会转型期大众传媒在农村社区的角色分析——关于湘中三甲村的个案阐释》中分析了以电视为主导的传媒对三甲村的影响,论述了媒介在农村社区中角色的变迁,同时也提到媒介对村民观念转型存在一定的影响。⑦曾一果、潘阳通过为期半个月对江苏省灌南县李集乡张庄村的农民进行访谈和对其日常生活的观察,考察大众传媒在我国农村社会变迁中所扮演的角色,尤其是电视媒介对农民生活、生产以及生活观念的影响,并指出大众传媒与"新农村"建设存在的内在关联性。⑧

(二) 媒介在农民的城市化转型中扮演重要角色

媒介在农民群体的城市化转型中也扮演着重要的角色。刘锐在论文《电视对西部农村社会流动的影响——基于恩施州石栏村的民族志调查》中使用参与观察、焦点小组访谈等质性研究方法,研究了电视作为一种文化资本对农民的日常理解产生的影响。他的研究发现,电视作为西部农村唯一能接触到的大众传媒,在农民的社会流动中扮演了较为重要的角色,对其流动决策、迁徙过程、文化适应各个环节都产生影响。⑨郑素侠⑩,李道荣、彭麟竣⑪在探讨提升农民工媒介素养的同时都指出了媒介对推动农民工城市化进程产生着重要作用。另外,笔者在《论我国城市化进程中大众传媒的角色及其转型》一文中指出在我国城市化发展的现阶段,各种深层次的社会问题和各种矛盾不断凸显和交织,现代大众传媒在失地农民的城市化转型中也扮演着重要角色。为了促进失地农民快速实现向市民的转型,大众传媒的角色也应该实现转型,这种转型主要表现在,大众传媒由城市化发展的宣传者和助推器向反思者和监督者转型,由批判者向理性的建构者转型,减少因社会断裂形成的冲突和摩擦,从而降低城市化发展的社会风险。⑫

三、媒介对中国农民群体形象的建构

框架理论认为,大众传播通过构建社会现实,在社会上产生重大影响。毫无疑问,媒介在不同时期对中国农民群体形象存在不同的建构,不过整体上中国农民群体的媒介形象被建构成片面的、破碎的、不文明的、弱势群体的形象。传播学者近些年对我国农民工群体媒介形象建构的问题给予了较高的关注。遗憾的是,传播学界缺少对传统农民和失地农民群体媒介形象的关注。通过在中国知网的搜索,只有 2 篇论文的主题涉及传统农民的媒介形象问题,失地农民的媒介形象研究目前更是缺失状态。黄钦指出,农民作为一个身份群体的报道,基本是边缘化的,农民的媒介形象是片断和零碎的。农民报道往往与党的好政策、与作奸犯科联系在一起。在涉农报道中,农民是被建构的客体,是身处后台、被召唤和质询的弱者,农民何时出场、其话语如何被裁剪主要取决于政治和商业意识形态的需要。[13]笔者认为,传统农民在不同的媒介内容中呈现的媒介形象是存在差异的,在一些如《今日说法》的法治类的调查性节目中,传统农民常常以弱势的、受害者的形象出现。而在一些经济频道的农民致富类的节目中,传统农民也被塑造成积极向上的、建设者的媒介形象。

我国的农民工群体是高速城市化发展产物,媒介在城市化发展的不同时期建构着差异化的农民工形象。董小玉、宛月琴指出媒介对农民工的媒介形象的建构分为三个时期:1979~1983 年,农民工是“非法流动者”的媒介形象;1984~1991 年,农民工是“盲流者”媒介形象;2008 年至今,农民工是“融入者”的媒介形象,农民工正逐渐成为“新市民”。[14]但是整体来说,农民工的媒介形象也存在“刻板化”和“标签化”的问题。如陈芳指出媒体确实对农民工的报道存在着“刻板化”“妖魔化”倾向,而且对农民工的报道只存在于特定时期,如农民工返乡或春运期间。[15]朱丹考察了《人民日报》对农民工的媒介形象的建构,得出的结论是:《人民日报》总体上对农民工的形象建构是作为“他者”进行塑造的,存在“标签化”的现象。不过她发现近些年,《人民日报》越来越多地站在人文关怀的立场,坚持“以人为本”的媒介价值本位,塑造的农民工媒介形象日渐完善和丰满。[16]詹小路、李欣通过对百度关于农民工新闻的内容分析发现,媒体对农民工的形象建构存在“污名化”的特点,大众传媒中的农民工形象都不是他们自主表达与建构起来的,而是由城市主流人群形塑出来的,只是需要帮助、拯救的对象,而非权利主体。[17]张蓓对女性农民工的媒介形象进行了研究,她指出新闻传媒有关女性农民工的报道中采用了高度类型化的叙事方式,媒介塑造女性农民工的媒介形象的类型主要有:“励志者”形象、“受难者”形象和“负面行为者”形象。[18]

结论

英国学者多米尼克·斯特里纳蒂指出,在大众社会和大众文化出现的背后,以土地劳动为基础的土地所有制被消除,紧密结合的乡村社群也逐步瓦解,宗教出现衰落。[19]在20世纪60~70年代,以埃弗雷特·罗杰斯为代表的传播学者就开始对媒介和农民展开了相关研究。罗杰斯等人对印度、肯尼亚和哥伦比亚三个国家的农民进行调查,研究不仅发现农民在接受新的事物时,其媒介接触频度与他们的社会地位、受教育程度、经济水平等成正相关,更重要的是发现农民的媒介接触频度与农民的现代化水平成正相关,继而罗杰斯认为大众传播影响着农民的现代化转型。[20]罗杰斯等人关于媒介对农民现代化意识的研究结论在中国也得到了一定程度的验证。中国自改革开放以来便大力推进城市化发展,而在这30多年的高速城市化发展过程中,中国农民现代化意识逐渐增强,农民群体的身份出现了“分化”,也就是除了传统农民之外,还有农民工和失地农民的身份,大量的农民工涌向城市和大批的失地农民失去土地是中国城市化发展过程中非常特别的现象。毋庸置疑,媒介和大众传播在我国农民的现代化观念转型的过程中扮演着重要的角色。正如美国社会学家罗吉斯·伯德格在《乡村社会变迁》一书中指出:“大众传播在某种程度上可以补偿自然形成的乡村隔绝状态。报纸、杂志、广播和电视为农民传播了现代道德,大众传播开阔了农民的视野,传播了信息,说服农民接受变迁。”[21]

笔者认为,大众媒介和以互联网为代表的新媒介不仅与传统农民的现代化意识存在重要的相关性,也对农民工和失地农民的城市化转型产生着重要的影响。中国农民身份的分化不仅是中国城市化发展的产物,也是媒介建构的身份。也就是说,媒介在农民的身份变迁和观念的转型中扮演着重要角色。同时,在我国城市化发展的不同阶段,媒介对农民群体形象的建构也是动态变迁的过程。媒介对传统农民建构的形象基本定格为不文明的、低文化素质的、低修养的、传统的、保守的社会群体形象,而随着我国“新农村”的建设,传统农民的媒介形象逐步向积极的、乐观的并对城市文化充满好奇的生活者转型。与此同时,媒介对农民工建构的媒介形象存在一个显性的变迁过程,起初媒介也将农民工的媒介形象定位于不文明、素质低的城市“盲流者”的形象,正如万小广所言“大众媒介实际上将打工群体建构为‘想象的异乡人’,以建构和维系城市内部再生的新城乡二元结构”[22]。近些年由于政府倡导建立“和谐社会”,让农民工融入城市生活，成为“新城市人”，因而媒介逐步调整了对农民工形象的传统建构，农民工的媒介形象越来越与“城市人”的媒介形象趋同，不过在一些影片中依然能看出农民工存在刻意模仿“城市人”的媒介形象，如电影《泰囧》中王宝强饰演的角色形象是非常典型的代表，也就是说目前我国农民工媒介形象的“标签化”并没有被彻底抛去。至于失地农民的媒介形象更是被“妖魔化”成“钉子户”和“社会危险分子”的媒介形象，这主要是因为媒介很少关注普通的失地农民群体，一般更多关注拆迁过程中的突发事件的“钉子户”，因而“钉子户”形象容易被呆板地等同于失地农民的群体形象。不过，总体来说，尽管在我国城市化过程中，农民身份出现了三种分化，媒介对农民群体的现代化转型意识存在一定的影响，但我国农民群体总体被媒介建构的是相对不文明的、保守的、顽固的、素质低下的、弱势群体的形象。

〔本文系中央高校基本科研业务费专项资金资助项目“城市化背景下我国失地农民的媒介形象研究”阶段性成果（项目编号：x2xcD2143270）；广东省新媒体与品牌传播创新应用重点实验室系列成果（项目编号：2013WSYS0002）〕

注释：

1.陈力丹、陈俊妮：《论传媒在“新农村”建设中的作用》，《当代传播》2006 年第 3 期。

2.参见互动百科对“农民”的介绍，http://www.baike.com/wiki/%E5%86%9C%E6%B0%91。

3.笔者访问知网总库，输入“标题=农民”并含有“媒介”，“标题=农民工”并含有“媒介”，“标题=失地农民”并含有“媒介”，分别得到的文献数量是 83、145 和 5。

4.〔美〕柯克·约翰逊：《电视与乡村社会变迁：对印度两村庄的民族志调查》，展明辉、张金玺译，中国人民大学出版社 2005 年版，第 105 页。

5.方晓红：《大众媒介与苏南农村文化生活关系研究》，《当代传播》2004 年第 4 期。

6.陈力丹、陈俊妮：《论传媒在“新农村”建设中的作用》，《当代传播》2006 年第 3 期。

7.尤游：《社会转型期大众传媒在农村社区的角色分析——关于湘中三甲村的个案阐释》，上海大学 2006 年博士论文。

8.曾一果、潘 阳：《大众传媒与“新农村”的文化重建——对江苏省灌南县李集乡张庄村的社会调查》，《新闻大学》2009 年第 2 期。

9.刘锐：《电视对西部农村社会流动的影响——基于恩施州石栏村的民族志调查》，《新闻与传播研究》2010 年第 1 期。

10.郑素侠:《农民工现状调查与分析——基于河南省郑州市的调查》,《现代传播》2010 年第 1 期。
11.李道荣、彭麟竣:《中国农民工媒介素养问题研究》,《北京社会科学》2013 年第 5 期。
12.佘世红:《论我国城市化进程中大众传媒的角色及其转型》,《中国出版》2013 年第 10 期。
13.黄钦:《论"走转改"活动中农民媒介形象的建构——以央视新闻频道蹲点日记系列报道为例》,《电视研究》2012 年第 10 期。
14.董小玉、宛月琴:《文化生态视野的农民工形象变迁与话语建构:由媒体观察》,《改革》2012 年第 24 期。
15.陈芳:《新生代农民工媒介素养对其城市融入的影响探讨》,《中国报业》2012 年第 24 期。
16.朱丹:《主流文化视角下农民工媒介形象建构的实证分析——以〈人民日报〉为例》,《江西师范大学学报(哲学社会科学版)》2012 年第 8 期。
17. 詹小路、李欣:《弱势群体的媒介形象——以"城市畸零人"农民工为例》,《当代传播》2009 年第 1 期。
18.张蓓:《女性农民工媒介形象的偏差塑造现象研究》,《南京财经大学学报》2009 年第 1 期。
19.〔英〕多米尼克·斯特里纳蒂:《通俗文化理论导论》,阎嘉译,商务印书馆 2001 年版,第 11 页。
20.Everett M. Rogers , "Mass Media Exposure and Modernization Among Colombian Peasants", *The Public Opinion Quarterly* Vol.29, No.4, Winter, 1965-1966.
21.〔美〕罗吉斯·伯德格:《乡村社会变迁》,王晓毅、王地宁译,浙江人民出版社 1988 年版,第 333 页。
22.万小广:《转型期"农民工"群体媒介再现的社会史研究》,中国社会科学院 2013 年博士论文。

〔佘世红,华南理工大学副教授,硕士生导师,宾夕法尼亚州立大学传播学院访问学者〕

话语分析:媒介社会学的一个研究路径

Discourse Analysis: An Approach on Study of Media Sociology

◎ 陈欣钢

Chen Xingang

摘要:媒介与社会之间是一种动态的互动过程。要想在媒介形塑社会的研究中摆脱静态的、一元的困境,就应超越文本范畴,进一步考察文本生成过程的动态语境,开展质性的话语分析。话语是一种关于权力的实践,是处于其他社会活动的关系网中的一种实践活动。媒介话语分析的逻辑在于——从社会议题的媒介话语生产实践出发,寻找生产机制和媒介呈现当中蕴藏的权力及意识形态互动方式。因此,话语分析的研究方法聚焦"过程—事件"的媒介呈现,试图呈现多元的社会互动。

关键词:话语分析,媒介生产,媒介社会学,质化研究

Abstract: It is a dynamic process of interaction between the media and society. To avoid this dilemma of static and single vision in research of media sociology, it should go beyond the scope of the text, run further investigation process on the dynamic context of the text generation process, and carry out qualitative discourse analysis. Discourse is a practice about the power and a practical activity in the network of other social activities relationships. The logic of media discourse analysis starts from media discourse production practice on social issues, aims at finding powers and ideological interaction reserved in production mechanism and media presentation. Therefore, the research method of discourse analysis focuses on "Process-Event" media presentation, and tries to render diverse social interaction.

Keywords: discourse analysis, media production, media sociology, qualitative research

大众传媒与社会现实的关系并非简单的"呈现"和"被呈现",而是一种动态的互动过程。尽管"媒体建构社会"的研究日益成为新闻传播领域的热门,但其中不乏将问题简单化的研究者,将社会学或政治学的理论生硬"拖拽"到新闻传播学领域,忽视那些理论的学科背景与体系,缺少对学科间联结的必要论述;或是忽略现代社会发展、转型等可能衍生的内涵转变。笔者认为,要想在媒介形塑社会的研究中摆脱上述困

境,就应超越文本范畴,进一步考察文本生成过程的动态语境,开展质性的话语分析。

一、话语、权力与意识形态

话语(discourse)是一个具有多种学科背景并被许多思想流派广泛使用的术语,现如今它甚至成为一种流行语进入了公众生活日常表达的层面。在学术领域,是否关心语言的权力问题划分了"话语"的两种面向,即诗学的面向和政治学的面向[1],据此可将话语分析表述为文本取向和权力取向。诗学面向的话语研究跟语言学存在紧密联系,只是将语法、语义等分析从字、词扩大到了语境(context)层面,考察文本意义发生的社会关系、个人态度等背景。政治学面向关注意义的生产/形成过程中的意识形态斗争[2],以及不同话语取得"合法性"的斗争过程中的权力关系。电视、新闻、互联网属于媒介话语;医疗、文学、科学属于制度化的话语,话语与话语之间是相互关联的、被社会结构化的。"话语是社会化、历史化及制度化形构(formations)的产物,而意义就是由这些制度化的话语所产生的","任何语言系统所能产生的、潜在的无限意义,总是被遍布于特定时空并且本身也经由不同话语而得以呈现的社会关系之结构所限定所固定"[3]。

例如,社会生活中普遍存在的"医疗"议题,就是一种典型的制度性话语。大众传媒对医疗话语的呈现由社会政治、经济、文化的权力互动关系所决定,同时也反映了更深层次的意识形态特征。将身体、医疗与话语联系在一起,并从认识论的角度切入,重构疾病、身体与话语的概念史,则始自福柯[4]。他用话语来说明上述知识使用的社会规则与社会情境,通过对话语的分析去发现描述知识的语言之外的一切生活中的规范形式。这一分析理路使得话语分析的语言学传统转向对"社会现实、社会身份以及社会过程等的积极建构作用"。"话语"在福柯的论述中可以被概括为"不同的社会语境下的不同种类的分类体系,在这个分类体系背后隐藏着一组成熟的和对主体和客体进行建构的规则,即为在不同历史时期谈论特有话题与对象、生产特定主体和特定意义的陈述提供特有的限定性实践规则"[5]。主要是话语的基本构成元素对知识和权力的生产,如"医疗""同性恋""精神病人"。福柯在以《话语的秩序》为题的演讲中指出,在任何一个社会中话语的生产都受到一定数量程序的"控制、选择、组织和重新分配",并对现代西方社会中控制着话语生产的那些程序和规则进行了详细的描述和分析[6],认为"这些程序的作用在于消除话语的力量和危险,控制其偶发事件,避开其沉重而可怕的物质性"。在《规训与惩罚》中,断头台上的犯人身体成为王权和社会反叛势力交织的象征场域,透过目视,或称公共展示的酷刑峻罚,君王意志伸展所衍生景观是由导向中心的、集中的、权力机制运作所产生的。福柯是想说明,驯服身体(docile body)乃是通过视觉呈现的方式实现社会规训的一种权力运作。

话语是一种关于权力的实践,是处于其他社会活动的关系网中的一种实践活动。它透过错综复杂的交锋和角逐,或被“收编”,或被边缘化,在特定社会历史条件及日常生活的权力关系中造就出论述的实践。通过话语的变迁,可以读出社会变迁中权力关系和特征的变化。在媒介话语生产中,媒介权力指的是生产意义上的权力,它是通过文本及其对受众所产生的影响表现出来的。

从历史和社会经济文化视角出发的新闻“话语/权力”研究不可避免要关注意识形态问题。格拉斯哥媒介研究小组(Glasgow University Media Group)、费尔克拉夫(Fairclough)和梵·迪克(Van Dijk)等人的话语分析都在向我们说明:对话语背后的社会结构进行分析,就是要揭示意识形态如何被阐述,以及不同意识形态之间是如何竞争的。费尔克拉夫将话语实践看作是意识形态的物质形式。科恩和扬(Cohen and Young)的论文集收录了各学派对新闻生产的理论和研究方法,“如新闻选择模式、新闻生产中的意识形态和官方约束、事实隐瞒、新闻报道中的异常行为的解释范畴和因果模式、新闻中主导的以及想当然的叙事模式、媒体运用的神话等”,并在结论中指出书中研究成果所存在的问题,倡导建立“自己动手”的媒体社会学(Do-it-yourself media sociology)[7]。与上述将微观与宏观相结合的侧重文本分析的路径不同,同时期伯明翰学派的霍尔(Hall)感兴趣的是相对宏观的新闻的社会控制与阶级依赖,指出意识形态决定着新闻事件被媒体呈现出的样貌。汤普森(Thompson)在其著作中对意识形态与大众传播之间的关系作出了详尽而全面的解释,将“现代文化传媒化”作为理论架构,探讨象征形式的制作、传输等与社会政治背景的关系[8]。比如说,新闻虽然不能简单地看作是在意识形态上的一种偏见或曲解,但其再现的现实本身就是基于新闻源的一种意识形态的建构。作为话语的权力实施与斗争的一个方面,意识形态是在权力关系中生成的意义。新闻产制的阶级性也常作为考察的焦点,因此选作分析对象的话题通常涉及社会阶层或阶级的差异与斗争问题,如社会抗议、犯罪、法律题材等。在对电视新闻罢工报道进行的分析中,研究者发现“工人只是被系统地再现为不断提出要求的人物,而其管理人员则被建构为不断地提出解决方案的人物”[9]。

既然新闻媒体存在于社会结构之中,它固然不能成为体现完全中立的公共讨论平台,但同时也不能被看作是单纯的“阶级斗争工具”。对于半市场化的中国媒体而言,其阶级性并非一成不变地代表主流意识形态,更多情况下是在阶级性与公共性之间寻求一种平衡。在媒介话语产品中,文本的意义是“流动的”和“不稳定”的。有学者将电视理解为“渗漏的”媒介——它的意义不断地渗出,进入生活的其他领域[10]。在新闻生产的场域中,权力互动的形式既是一种话语实践的模式,同时又是考量话语公共性的指标。

二、媒介社会学的话语分析路径

在费尔克拉夫对话语和话语分析所划分的“三个向度”中,处于文本和社会实践中间层的乃是“关注文本生产过程和解释过程”的话语实践[11]。媒介话语研究的目的是借助文本和语境来解释“谁在说”“如何说”“为何这样说”的问题,主要涵盖“媒体建构现实”这一研究领域的生产环节,即从社会议题到媒介话语的生产过程。在话语分析的研究视野中,乃是“话语实践”建立起了社会改革与媒介生产之间的勾连。同时,描述这种生产和解释过程的目的,是“揭示权力和意识形态关系如何构成话语”[12]。话语生产当中的这种权力与意识形态作用存在于话语生产常规和具体情境当中,最后在媒介话语中呈现出来,形塑菲斯克所说的“倡导或反对主流意识形态的社会行为”[13]。因而媒介话语生产是通过权力和意识形态在文本生产和解释过程中的互动,将社会实践建构成为话语实践的过程。

可以据此确定媒介话语分析的逻辑——从社会议题的媒介话语生产实践出发,寻找生产机制和媒介呈现当中蕴藏的权力及意识形态互动方式。这就为大众媒介的话语研究赋予了两重含义:一是关注在内部传媒生产机制和外部权力机制合力下对特定社会议题的生产过程;二是关注单一或总体媒介产品所蕴含的意识形态特征,这些特征如何反作用于社会实践,即媒介话语形塑社会过程中的权力“再生产”。

因而,社会议题的新闻生产是研究框架的基础,研究运用的是近年来新闻传播学“生产研究”的路径和成果。新闻传播学界对新闻生产过程的理论关注由来已久,最早可以上溯到拉斯韦尔的“5W”传播模式的阐述(Lasswell,H.D.,1943)。而西方传播学界长期以来“重效果、轻生产”的研究旨趣,使得关于传播者和传播组织的理论直到1950年怀特提出“把关人”概念时才实现了第一次的突破。正是从那时开始,一批研究者开始真正从媒介社会学角度对编辑部新闻生产进行研究,陆续取得一些比较可观的成果,形成了新闻生产社会学研究的不同传统[14]。新闻是被建构了的现实[15]——该领域的研究者形成了这样一种共识:新闻与社会“现实”之间的关系是一种互动的建构关系,而非单向的呈现关系。作为“现代性的意义生产实践”,新闻是“世界上最重要的文本系统”(Hartley,1996)——“强调它的文本性,把它当作一种修辞形式或修辞形式的集合,一个话语结构,或一个再现的文化与文学的类型。或者我们也可以强调,新闻是一个被制造的事物,是社会、经济和政治机构及其实践的产物”[16]。新闻社会学的理论基础,很大程度上来源于符号互动论[17]。符号互动论视角中关于社会组织的观点认为“它们都是对通过其各自的行动而相互联结起来的人们的安排,它不是根据各种组织原理或者系统原理来说明这种组织及其各组成部分的活动”,可以“试图以参与者在其各自的关节点上界定、解释以及应付这些情境所使用的方式来做出说明”[18]。所以,新闻生产社会学的分析就应聚焦生产过程中的个体、机构、媒体等。塔奇曼的《做新闻》(*Making News*,1978)、甘斯的《什么在决定新闻》(*Deciding What's News*,1979)、费什曼的《制造新闻》(*Manufacturing the News*,1980)、吉特林的《进入黄金时段》(*Inside Prime Time*,1984)等同时期的一系列著作都在研究方法和研究取向上带来了深远的影响。

舒德森(2006,2010)对新闻生产社会学的研究理路进行过较为详细的阐述,将不同传统、不同取向的新闻生产社会学划分成三种视角:一是政治经济的取向,即把新闻加工的结果和国家结构/经济结构联系起来,和新闻机构的经济基础联系起来;二是社会组织的,即针对社会组织、行当或职业以及意识形态的社会建构的研究;三是文化取向的,即加入日常互动中的文化条件,强调广泛的文化传统和符号系统的约束力。进一步扩大研究视野,在“媒介—社会”框架内的研究并不拘泥于生产过程,用“新闻社会学”或“媒介社会学”的表述明确了大众媒体与社会多方面的互动关系。“新闻社会学应当能够理解新闻中混合着的机会与意图、常态与灾祸、正式与意外、期望与惊奇、直叙与穿插”[19]。在理论建构方面,美国媒介社会学研究的创造性、深刻性与反思价值不容忽视,如加姆森对权力与媒介话语的洞察,塔奇曼、费什曼和甘斯等对媒介产业的官僚主义结构和生产过程的探究[20]。

近年来,国内也有不少学者在研究中采用媒介生产的社会学取向。一些学者立足中国的媒介生产实践,在新闻社会学的视野中开展研究,如潘忠党对于中国某城市中六份报纸的新闻生产与改革活动的田野调查,赵月枝对中国新闻媒介从商业化到集团化的实践及其意蕴的描述分析、对于《北京青年报》和中央电视台《焦点访谈》节目的考察,何舟对于《深圳特区报》新闻实践活动的研究,黄成炬对于《成都商报》的研究等等。有学者分析各种因素对于新闻生产的“影响”,实际上是在“制约与控制因素”的框架内探讨,张志安等以1987年中国的深度报道为个案,从文本出发考察作为内部因素的职业意识与作为外部因素的社会环境对新闻生产的复杂影响[21]。有学者援引社会学家吉登斯的“社会排斥”(social exclusion)和“社会包容”(social inclusion)概念来分析大众媒介在促进社会各阶层隔膜或沟通中的不同作用[22]。在这个意义上,“南都时评”的“公众表达”功能,给普通公众进入主流媒介进行表达提供了更多的管道和更大的空间,更有利于促进不同阶层之间的意见交融和情感“包容”。《编辑部场域中的新闻生产》采用参与观察和深度访谈的人类学研究方法,对《南方都市报》区域新闻部进行细致、深入的考察,在对该部门的新闻生产实践方式进行“深度描述”的基础上,着重关注“编辑部新闻生产与社会控制的互动关系”。[23]论述过程中张志安引用了“场域”“议程设置”等理论,试图对个案的呈现样态进行梳理分析,展现了编辑部场域下较为全面的新闻生产图景,却缺少较为集中的理论依托与观照。有研究者将媒介机构作为研究对象,主要根据深度访谈的方式描述电视新闻的“大编辑部”运作方式[24],在文末针对该模式提出了经验性的对策建议。还有学者专注于“传播者”的研究,对“新闻专业主义”的理论源头、历史脉络进行了梳理[25];以及对社会转型期中国新闻从业者的专业理念的研究[26],将其建构与表述的方式称为“成名的想象”。

三、话语分析的研究方法

话语分析的研究路径力图摒弃符号学和结构主义中将意义和语境相割裂的、静止的方法论,进行历史的、流动的多元分析。因此,话语分析的研究方法聚焦“过程—事件”的媒介呈现,辅以考察个体“动机、信念、态度”等直接经验的深度访谈,并可以创造作为实习记者深入媒体内部进行“参与观察”的机会。

20 世纪 50 年代从语言学发展起来的话语分析有复杂的理论渊薮与实施方法,它广泛吸收了社会学、人类学、符号学、心理学等人文社会学科的研究路径和理论成果,逐步形成了一个跨学科的知识领域。葛兰西(Gramsci)、阿尔都塞(Althusser)、福柯(Foucault)、哈贝马斯(Habermas)、吉登斯(Giddens)等重要的西方理论家都在话语分析的不同向面有过建树。早期的话语分析以静态的词或句子为主要研究对象。从 20 世纪 70 年代开始,话语研究的重点开始从文本转向了社会、文化、制度以及它们之间的互动过程,实现了由词、句为研究对象,过渡到以动态交流(即“互动”)为主要特征的话语的研究。有代表性的突破,如以福柯为代表的后结构主义者发展出的“凸显话语的产生与运作过程中存在的意识形态、阶级、性别以及政治经济等深层权力关系争斗”的话语观;以及“将语言的文本分析与社会实践分析结合,考察社会变迁过程中语言扮演的角色,注重从社会制度和社会构成这一较高的层次来寻求解释话语的原因”的批判的话语分析法[27]。话语分析超越文本本身,关注生产和解释过程,因而是适用于社会变迁的过程分析。“话语分析关心的不仅是某个言说者的复合语句,而且更常考虑的是两个或更多言说者的交替互动,以及用来操持和控制特定语境中之话语的语言规则与社会习俗”[28]。福柯关注“形塑话语”的三种排斥系统——禁止的言语、疯狂的区分和真理意志。他有关话语“规训”的论述有助于我们去发现媒介“形塑社会”的话语生产过程中存在的规则:“排斥(exclusion)的程序是为人所熟知的。最明显和熟悉的便是禁律(prohibition)。……在言语对象的禁忌,言语环境的仪规以及言语主体的特权或独享的权利上,我们看到三种禁律的运作,它们相互交叉、加强或互补,构成一个不断变化的复杂网络。此刻我仅指出这张网织得最严密,亦即黑色方块最多之处,就是性和政治的领域;好像话语远非透明或中性的环境,性在其中可被绥靖而政治亦得安抚,相反,它实际却是性和政治以一种特有的方式来行使它们非常可怕的力量的场所之一。”“话语并非仅是斗争或控制系统的记录,亦存在为了话语及用话语而进行的斗争,因而话语乃是必须控制的力量。”[29]

新闻传播学的话语分析是“站在传播的视角上吸收对传播研究具有紧要意义的话语研究成果,使传播研究的领域和主题得到进一步的拓展和深入,使我们进行传播观察、理解以及进行传播研究的方法更为丰富多样”[30]。梵・迪克(Van Dijk,1993)首次将话语分析与传播研究相结合,提出要“对话语使用结构分析、功能分析、解释学和意识形态分析等方法”,并把这些方法主要用于对新闻话语的分析,从而建立了大众传播话语分析的方向。传播研究和大众媒介研究的方法早先大多围绕传播效果的测量来进行,关注信息的流通而忽视信息在生产者和阅读者之间对意义的解释和协商;实证研究的量化材料往往缺乏对社会背景和文化环境的考量,使得传播研究的假设与结论停留在传播系统的结构内被循环论证。传播文化研究的路径虽然注重“意义”的考察,但研究者所钟情的符号学分析方法仍以文本为基础,较少联系社会实践因素。而话语分析是“对那些已经实际说出来的东西到底是以一些什么样的方式以及按照什么样的规则被说出和被传播的过程加以分析”,“探讨它为什么会被说出来、它为什么会以这种方式被说出来”[31],这就使分析视野超越了结构,置身于更广阔的社会语境中。

互动中的话语关系的考察常被用于社会变迁中的研究。社会转型带来的社会生活各个层面——“诸如教育、健康医疗和艺术等部门”的变化“深刻地影响了这些部门的工作者的行为、社会关系,以及社会身份和职业身份”,相当于构成了“话语实践中的变化”[32]。上述话语分析的研究路径大多应用于西方社会学的研究背景。通过对话语分析路径的特征及研究方法的文献梳理,正是希望在生产情境中建立本土电视话语分析的路径,考察现阶段中国媒体在社会结构、民主政治中的产制特征。

综上所述,话语分析的方法可以避免在研究中成为"办公室里的国王",避免用过分简单化、公式化的理论框架来框定复杂的社会互动关系,从而实现"从内部揭露媒介体制鲜为人知或人所忽略的那一面"[33],呈现一种"多元话语"的分析与研究。

注释:

1.胡春阳:《传播的话语分析理论》,复旦大学 2005 年博士论文,第 18 页。

2.费斯克·约翰:《关键概念:传播与文化研究辞典》,新华出版社 2004 年版,第 86 页。

3.费斯克·约翰:《关键概念:传播与文化研究辞典》,新华出版社 2004 年版,第 85 页。

4.胡绍嘉:《如果身体会说:医疗报道语言中的人与身体》,《新闻学研究》1999 年第 77 期,第 1-30 页。

5.胡春阳:《传播的话语分析理论》,复旦大学 2005 年博士论文,第 22-23 页。

6.谢立中:《西方社会学经典读本(上下册)》,北京大学出版社 2008 年版,第 787-788 页。

7.梵·迪克:《作为话语的新闻》,华夏出版社 2003 年版,第 11 页。

8.约翰·B.汤普森:《意识形态与现代文化》,译林出版社 2005 年版,第 4 页。

9.梵·迪克:《作为话语的新闻》,华夏出版社 2003 年版,第 13 页。

10.艾伦·罗伯特:《重组话语频道——电视与当代批评理论》,北京大学出版社 2008 年版,第 281 页。

11.费尔克拉夫·诺曼:《话语与社会变迁》,华夏出版社 2003 年版,第 4 页。

12.费尔克拉夫·诺曼:《话语与社会变迁》,华夏出版社 2003 年版,第 12 页。

13.菲斯克·约翰:《电视文化》,商务印书馆 2005 年版。

14.张志安:《编辑部场域中的新闻生产——〈南方都市报〉个案研究》,复旦大学 2006 年博士论文。

15.塔奇曼·盖伊:《做新闻》,华夏出版社 2008 年版。

16.舒德森·迈克尔:《新闻社会学》,华夏出版社 2010 年版,第 16 页。

17.谢立中:《走向多元的话语分析:后现代思潮的社会学意涵》,中国人民大学出版社 2009 年版。

18.苏国勋、刘小枫:《二十世纪西方社会理论文选(II):社会理论的诸理论》,三联书店 2005 年版。

19.舒德森·迈克尔:《新闻社会学》,华夏出版社 2010 年版。

20.Simon Cottle:《新闻、公共关系与权力》,复旦大学出版社 2007 年版。
21.张志安、阴良:《新闻生产:职业意识与社会环境的影响——以 1987“深度报道年”为个案》,《新闻大学》2009 年第 1 期,第 10-18 页。
22.洪兵:《转型社会中的新闻生产——〈南方周末〉个案研究》,复旦大学 2004 年博士论文。
23.张志安:《编辑部场域中的新闻生产——〈南方都市报〉个案研究》,复旦大学 2006 年博士论文。
24.曾晶:《电视新闻生产的“大编辑部”模式——运行中的问题及对策》,《新闻大学》2006 年第 6 期,第 54-58 页。
25.黄旦:《传者图像:新闻专业主义的建构与消解》,复旦大学出版社 2005 年版。
26.陆晔、潘忠党:《成名的想象:中国社会转型过程中新闻从业者的专业主义话语建构》,《新闻学研究》2002 年第 71 期,第 17-59 页。
27.胡春阳:《传播的话语分析理论》,复旦大学 2005 年博士论文。
28.费斯克·约翰:《关键概念:传播与文化研究辞典》,新华出版社 2004 年版,第 84 页。
29.谢立中:《社会学经典读本》,北京大学出版社 2008 年版,第 787-810 页。
30.胡春阳:《传播的话语分析理论》,复旦大学 2005 年博士论文,第 2 页。
31.谢立中:《走向多元的话语分析:后现代思潮的社会学意涵》,中国人民大学出版社 2009 年版。
32.费尔克拉夫·诺曼:《话语与社会变迁》,华夏出版社 2003 年版。
33.布尔迪厄:《关于电视》,南京大学出版社 2011 年版。

〔陈欣钢,博士,中国传媒大学新闻传播学部讲师,美国南加州大学传播学院访问学者〕

广播电视观察

强势广电传媒：城市“国际化都市文化”建设的重要推手

——以深圳广电集团卫视国际频道为例　王立亚

农业节目的坚守与创新

——兼议2014年度农影中心参评节目　曾祥敏　张　昱

数字新闻的超链接：意义与方法　顾　洁　李　成

网络新闻动画的传播特点分析　王文利

纪实的魅力

——浅析纪录片拍摄方式在亲子娱乐节目中的应用和未来　赵雪桐

在创新中探求时政新闻节目传播空间

——俄罗斯第一频道《时间》栏目发展研究　赵嘉琦　杨凤娇

强势广电传媒:城市“国际化都市文化”建设的重要推手

——以深圳广电集团卫视国际频道为例

Strong Media: A Major Force Behind the City “City Culture” Construction

——Shenzhen Radio and Television Group TV with International Channels as an Example

◎ 王立亚

Wang Liya

摘要:2014 年 7 月 26 日,由亚洲广播电影电视协会举办的“第二届两岸四地广播电视栏目创新峰会暨 2013 两岸四地优秀创新电视栏目表彰颁奖典礼”活动在澳门举行。深圳卫视国际频道以其“渠道与内容发展并重,科学合理的节目编播,频道收视排名逐步改变香港电视市场格局”等成绩,一举荣获“2013-2014 年度两岸四地创新广播电视频道十强”表彰,也是在获奖的十强频道中唯一面向海外观众的国内外宣频道。从 2011 年 8 月至今,深圳卫视国际频道全港电视综合排名第 4 位,跃居国内国际化电视频道收视第 1 名。国家主管部门有关负责人表示,深圳卫视国际频道在香港地区的收视表现,改变了当地电视媒体的原有生态。可以说,深圳卫视国际频道的优异表现,有力推动了深圳、广东乃至中国都市文化国际化的发展。

关键字:文化传播,传播力,都市文化,文化影响力

Abstract: On July 26, 2014, “The Second four places of two sides Broadcasting TV Innovation Summit and the 2013 four places of two sides Outstanding Innovative TV program Award Presentation Ceremony” sponsored by the Asia Broadcast Film & TV Association was held in Macao. Shenzhen TV international channel won the “2013-2014 year four places of two sides Innovative Broadcast TV channels Top 10” reward, with the achievements such as “the collaborative development of communication and content, scientific program, changing the pattern of Hongkong's TV market with its rating ranking” etc.. This is also the only propaganda channel for overseas audiences in the Top 10. From 2011 August till now, Shenzhen TV international channel's rank has grown from fourth in the Hong Kong TV to the first in domestic international TV channels. The responsible person from relevant country department said the rating performance of Shenzhen TV international channel in the Hong Kong area has changed the original ecology of local television media. We can say that the outstanding performance of Shenzhen TV international channel has effectively promoted the development of Shenzhen, Guangdong and even China urban culture's internationalization.

Keywords: culture communication, propagation force, urban culture, cultural influence

一、深圳国际化都市文化建设的背景与深圳卫视国际频道的文化传播

面对和平发展的国际化趋势,都市文化的繁荣与否越来越成为衡量一个城市综合竞争力的主要因素,并成为参与国际竞争的主要手段。正是由于都市文化在国际化中的强大作用,世界各国以及各大城市纷纷制定文化发展战略,以期用本民族本城市的核心文化塑造城市形象,凝聚城市力量,扩大城市影响力。基于此,国际化电视频道必须充分发挥大众媒介的传播功能,肩负起"文化大使"的使命,宣传都市文化,传播都市文明,鼓舞城市斗志,促进全球都市文化的大交流、大发展、大繁荣,并不断增强文化亲和力、文化影响力,从而进一步提高都市文化的软实力。

放眼全球,世界上具有较高知名度的国际化城市无不是具备多种现代文化传播手段和方式的传媒都市。大众传媒体系可谓是都市的神经网络,国际大都市往往更是传媒之城,并尽可能地创造在国内外有影响力的新媒体、通讯社、报纸、电视、广播、出版社、期刊、视听发行机构、书店等与之相适应的文化市场。以美国纽约市为例,通过总部或地区分部设在纽约的5000多家网站、电台、电视台、报纸、知名移动客户端等影响全美乃至全球的舆论界,几乎左右着全世界的新闻和娱乐。

深圳作为中国改革开放和现代化建设的"窗口""试验田",在国家发展战略格局中一直承担着特殊的使命。特别是深圳经济特区成立34年来,深圳勇立潮头、敢为人先、开拓进取,创造了世界工业化、城市化和现代化发展史上的奇迹。自1990年以来,深圳一直将"国际性"或"国际化城市"作为主要目标,并且按照中央和广东省的总体要求,鲜明地提出了"建设现代化国际化先进城市"的奋斗目标,这是深圳在过去打下的良好基础上实现新突破、拓展新空间、增创新优势、迈上新台阶的战略性举措。[1]

深圳城市的国际化发展之所以具有重大的战略意义,原因有二:首先,探索国际化

成功经验是特区今后的重大使命；其次，推动粤港澳世界级都会区发展是国家的战略需要。以香港为首的大珠三角地区是当前我国最具发展条件的地区，毗邻香港的独有区位加上特区身份无疑会使深圳在粤港澳世界级都会区的形成发展中发挥至关重要的作用，深港合作及其一体化发展是深圳国际化发展的重要路径。因此与以香港为首的大珠三角共建世界级都会区应成为深圳国际化城市建设的核心目标与根本目的。

伴随着深圳“国际化城市”目的的确立，深圳国际化都市文化建设也随之进入一个全新阶段。与之相适应，一个立足深圳、面向全球传播的电视频道在国际化都市文化建设中也必将发挥更加重要的作用。2009 年 11 月，深圳卫视 B 版正式更名为深圳卫视国际频道。2010 年 10 月，深圳卫视国际频道加入香港亚洲电视 DTT 数码平台，实现开路播出，覆盖香港全境。2011 年，深圳卫视国际频道通过长城平台，在北美、欧洲、澳洲、非洲以及日本、韩国、东南亚等覆盖落地，辐射全球。在解决全球化传播的基础之上，深圳卫视国际频道以“国际化叙事、国际化吸引”有效构筑深圳国际化都市文化建设中的“软实力”，强化深圳城市特色等主要内容成为深圳卫视国际频道进行文化传播的主要载体。

二、深圳卫视国际频道在国际化都市文化建设中的话语权构筑

在构筑国际化文化建设话语权的探索过程中，深圳卫视国际频道形成了一套行之有效的“四维传播”模式。

(一) 传播力

很长一段时期以来，以西方发达国家为首的“文化霸权主义”实际控制与影响着国际文化传播。特别是美国，虽然只占世界人口的 5%，却垄断了世界大部分地区 90% 的文化传播力。美国的网站、移动客户端更是全方位、全时空、全天候地向全世界推行美国的价值标准、意识形态、商业理念、社会文化。[2]

中国改革开放 30 多年来，深圳经济社会发展的成就举世瞩目，被国际上公认为“深圳奇迹”。因此，以深圳为代表的中国模式的成功，为许多国家提供了一套不同于西方的现代化经验，对其他发展中国家乃至发达国家和地区都产生了较大吸引力。

自身客观实力的增强以及强烈的国际化动向形成了深圳国际传播的基础，因此，包括大众传媒在内的文化交流已经成为深圳以及中国对外传播、塑造良好国际形象的重要载体。而港澳以及海外受众出于进一步了解中国的迫切需求，也对中国的国际传

播媒体和文化产业提出了更高的要求。为顺应这一形势,深圳卫视国际频道立足深圳,加速形成国际化传播力,以大型赛事、国际展会、深港合作、客家文化、华人脉络为主要传播内容,加强深圳都市文化以及中华文化的国际传播力建设,将"海外受众所要了解的"与"我们想要传播的"结合起来,满足港澳、东南亚以及其他海外受众深入了解深圳和中国的愿望,从而有效实现特色都市文化和中华文化的全球传播。

(二)公信力

在国际舆论领域,国际社会对于一个国家、一个城市的认识,很大程度上来自国际化媒体的传播报道,尤其是权威性强、影响力大的国际媒体。[3]在全球化语境下,中国的国际媒体对外传播所面临的问题,并不是世界听不到中国的声音,而是一些海外受众并不完全相信中国媒介所言,他们戴着有色眼镜来看待中国的各类传播文化。

深圳卫视国际频道运用"深圳立场,国际表达"的方式,认清国际传播形势,正确把握国际传播规律,主动融入国际话语体系,不断尝试以国际受众能够接受的方式进行国际传播,从而有效提高文化传播中的公信力、塑造深圳以及中国良好的国际形象。2014 年深圳卫视国际频道结合港澳台受众市场特点,主动研发新节目样态,自制专题栏目《传奇中国》并全新推出"大师"系列、"导演"系列节目,追寻中国近现代 100 多位科技、教育、文化大师以及电影电视导演的人生轨迹,既唤起海外华人观众的历史记忆,同时又传播了本土文化,彰显了民族精神。

(三)策划力

目前,包括深圳卫视国际频道在内的中国对外传播媒体由于没有直接有效的国际受众反馈渠道,所以在国际传播的策划中,往往无法准确地根据不同媒介载体,不同国家、不同文化的受众需求以及媒介个性特点来设计不同的传播角度,造成无法有效进行文化信息整合、发布或互动传播的后果。

深圳卫视国际频道在充分调研港澳及东南亚受众市场的基础上,贯彻以受众需求为主导的现代传播理念,加强传播内容以及传播流程、传播方式上的策划,在市场推广、媒介营销、内容包装等多方面调动线上线下、全媒体等各种媒介力量,对传播内容进行全方位、立体化的宣传策划。深圳卫视国际频道在国家领导人访港、中央政府赠送澳门大熊猫等宣传报道中都有出色表现。除日常的动态宣传外,在深港深度合作、内地孕妇来港产子等一系列涉及内地和香港关系的重大事件中也都发出了自己的声音。

（四）动员力

根据传播学理论，在现实生活中，公众不能直接得到的或者本身较为复杂的信息，一般需要依赖传播媒介提供，于是大众媒介无形中担起了为人们构建现实社会的职责。这就是大众媒介议程设置能力的表现。可见，大众传播媒介对于民众参与社会事务有着较大的影响力。

包括深圳卫视国际频道在内的中国国际传播媒体要想进一步扩大在海外的话语权，同样必须对资讯、文化等各类传播内容进行议程设置，使海外受众按照我们提示的角度和观点来思考国际性事件或问题，并最终影响海外社会发展变化的进程。

针对港澳以及海外观众关注的热点话题，比如世界大运会、文博会、前海深港联动、赴港自由行等焦点话题，深圳卫视国际频道注重加强在国际化传播中的时效性、贴近性和针对性，传播内容议程的设置尽量贴近港澳及海外受众的生活经验，站在对方易于理解的角度阐述事件、分析背景、评述观点、传递政策，从而做到有效影响国际舆论，进而提高中国媒体的感召力和动员力。

三、关于深圳卫视国际频道未来在深圳国际化都市文化建设中的思考

一个城市要想更好更快地发展，必须借助传播的力量塑造和营销自身的文化形象。深圳卫视国际频道今后在深圳国际化都市文化的建设发展中也必将扮演越来越重要的角色。

今后一段时期，深圳卫视国际频道需要在密切配合深圳市“面向全球的城市形象宣传计划”的基础上，更多融入国际化传播体系，扩大国际话语权，通过配合政府传播、策划媒体传播以及扩大活动传播等途径，进一步开展城市形象营销，不断提高深圳国际知名度，从而促进深圳国际化都市文化的再发展。首先，让世界进一步了解深圳。介绍深圳文化，传播中华文明，向世界展现一个愈发真实、生动、友好的深圳。其次，让深圳了解世界。帮助电视观众更多认识外部世界，开阔眼界，树立全球意识。再次，架起中西方了解沟通的桥梁，促进深圳与国际社会的交流融通，增进异质文化间的沟通与理解。

通过深圳卫视国际频道，进一步增进港澳、东南亚以及世界各国人民对深圳的了解和信任，更加有利于及时、准确地反映深圳、广东以及国家对重大问题的立场和主张，更加有利于深圳以及中国加强对外政治、经济和文化合作，从而树立深圳良好的国

际形象。

未来,深圳卫视国际频道需要运用多种传播手段和战略来创造、培育、保护和提升深圳的国际化形象,助力深圳完成向世界级都市的华美变身,同时也全程参与深圳国际化都市文化的构筑升华。

〔本文为深圳市哲学社会科学“十二五”规划课题《深圳国际化都市文化建设路径及策略研究——兼议大众传媒在深圳国际化都市文化建设中的作用》成果,课题编号为:125B102〕

注释:

1.《深圳市第五次党代会报告:八大战略性举措勾勒深圳蓝图》,2010 年 5 月 23 日发布。

2.米珏:《跨文化传播中的国际霸权》,《现代经济》2013 年第 8 期。

3.郭可:《国际传播学导论》,复旦大学出版社 2005 年版,第 115 页。

〔王立亚,现就职于深圳广播电影电视集团〕

农业节目的坚守与创新

——兼议2014年度农影中心参评节目

The Persistence and the Innovation of Agriculture Programs

——The Comment on the TV Programs from China Agriculture Film and Television Center in 2014

◎ 曾祥敏　张　昱

Zeng Xiangmin　Zhang Yu

摘要：本文根据2014年度中国农业电影电视中心参评节目的质量与效果，对这些农业节目的内容、形式等特点进行分析与总结，并在此基础上对中国农业电影电视中心的电视节目也是对我国的农业节目提出了改进建议。本文认为，2014年度农影中心的节目在主题上关注社会热点，在叙事上善于展现故事，在制作上着意提高水准。同时，农影中心的节目应该在内容和叙事方面注意提炼与观照，进行反思与打磨，才能进一步提升农业节目的整体质量。

关键词：农业节目，坚守，创新

Abstract：In this paper, in accordance with the quality and effect of the TV programs of China Agriculture Film and Television Center, the author analyzes and summarizes the content and form of the TV programs. Then the author proposes to improve the quality of agriculture programs. The author believes that the TV programs of China Agriculture Film and Television Center in 2014 are of good quality：the themes of the agriculture programs focus on the social hot spots, the agriculture programs tell interesting stories, the program production level gets higher. At the same time, the producers should think more about the content and narrative of the agriculture programs, only in this way can the quality of the TV programs get improved.

Keywords：agriculture programs, persistence, innovation

长时间以来，农业节目因为其独特的定位、资源特点和受众群，形成了较为鲜明的节目特色和风格。但是随着农业人口的城镇化趋势加剧，对农节目转向涉农定位的调整，以及对农传播长时期一直所处的弱势地位，对于农业节目的创新以及农业频道的生存发展的探索仍然迫在眉睫。分析2014年度中国农业电影电视中心的节目呈现出的样态,管中窥豹,有助于了解农业节目的整体发展现状与面临的问题。

用返璞归真来形容2014年度农影节目最合适不过了,这是笔者对当年参评节目的最大印象。相较于过去几年,2014年的特别节目首先在数量上明显减少,在具体制作上摒弃了大量仪式感强、浮华空洞、单纯在形式上追求绚丽庞大的内容。一些只有形式没有实质的嫁接新媒体的内容少了很多,喧嚣少了,节目平实了很多。同时,常规性节目尤其是部分栏目在节目策划、叙事、结构、采访报道等方面有了较大幅度的提升。更为可喜的是,一些特别策划的主题性报道和具有人文内涵的纪录片尤其引人注目,充分体现出了农影节目中心多年来在节目锤炼上所付出的努力。当然,在节目提升之余,一些旧的问题仍然存在,而业界普遍面临的新问题也同样应该引起我们的思考。

一、勇于触及热点现实命题

从特别节目看,2014年农影中心的参评节目总体上呈现出“一多一少”的特点。

“一多”即观照重大社会现实问题的节目多了,节目叙述更加具体、切中要点。本次节目评选的获奖结果也充分体现出了这样的特点。获得特别节目特等奖、一等奖的节目都将关注点放到当下我国三农存在的主要问题上,试图分析并寻求解决问题的方法。比如,获得特别节目组特等奖的作品《中国人的饭碗》聚焦我国的粮食安全问题,节目庄重大气,问题分析深入而全面;《聚焦三农》特别节目《三农梦 我的梦》聚焦中国梦,以个人故事、个人梦想带出三农中的热点问题;而“三夏”特别节目之《麦田称霸的90后》则将视角投向了90后大学生的创业主题,从两个麦收故事看农村青年人的理想,极具时代性。

“一少”即过于追求仪式感的晚会少了。在农影中心2014年的特别节目中,晚会的数量变少了,规模变小了。节目的设置上,仪式感、程序性的环节减少了,展示性而非故事性的讲述少了,形式上过于追求体量和规模的东西也少了。“一少”的变化使得农影中心的节目更加接地气,趣味性和可视性也相应提升。这种变化不仅体现了节目组节俭办晚会的宗旨,同时也使主创人员能够把创作精力投入到专业性的操作当中。

而2014年农影中心的部分日常节目同样呈现出勇于触及热点、难点问题,积极解剖现实问题的特点。比如《聚焦三农》节目中涌现出了大量优秀的,具有新闻性、揭示现实问题的调查性报道。这些调查性报道并不是随机、零散的,而是形成规模、形成体系的，充分体现出了《聚焦三农》节目清晰明确的定位。让笔者印象深刻的《河南驻马店：219省道上的罚款盛宴》揭露了219省道驻马店段地方路政乱罚款的真相，证据清晰完整、角度多样、细节丰富；《泔水桶大发现："剩宴"的背后》发现了学校食堂、饭店令人瞠目结舌的粮食浪费现象，调查环节层次清晰，画面呈现丰富、有说服力；《过期食品变脸记（上）》则揭发了市场上将过期产品重新包装上市的恶劣行为，等等。这些节目从不同角度反映当前农村、农业的问题，不仅体现出栏目组坚持舆论监督、揭露剖析社会问题的追求，也体现出其调查的专业性和报道的品质。

二、善于讲述精彩故事

故事讲好了，节目才会更精彩。就节目创作、制作的专业性而言，尤其在叙事方面，2014年农影中心的节目在叙事方面尤其是故事讲述上越来越成熟。具体而言，节目的叙事链条更加完整，故事元素的设置和运用也更加丰富，戏剧性的冲突更加饱满，对中心人物形象的刻画和人物关系的营造更加精细，人物形象更加丰满出彩。而以小见大、以点代面的报道手法也让节目具体而生动。在故事越讲越好的同时，也特别注重挖掘节目的人文内涵。

从特别节目看，创作者在节目创新的理解上有了很大提升，实际上反映了创作者在节目创新上的独特思考。节目创新不是简单地在形式和规模上进行打磨和扩张，节目创新的出发点应当是为更好地讲故事服务。比如"三夏"特别节目之《麦田称霸的90后》就很好地讲述了两个90后的大学生重新回到农村创业的故事。混在男人堆里的女强人以及上阵父子兵的矛盾纠葛穿插并行，节目通过饱满的纪实段落，精心结构对话，记录和刻画场景，展现了主人公在创业中的一波三折，表现出了他们勇于面对问题、解决问题的精神面貌和不轻言放弃的创业精神。《中国人的饭碗》的第四集《谁来保饭碗》，也体现了节目精巧的叙事能力，而且选择的事件、故事典型有趣。《老丁和小丁的故事》，以小见大地反映出当前中国农村的现实问题，并在节目中渗透了创作者对三农问题独特的思考，难能可贵。

特别值得一提的是，《法制编辑部》特别节目《杏姑梦》《枣缘》虽以日常的栏目剧形式展现，但在选题和创作上经过了充分的策划，显示出了创作者出众的故事架构能力。比如，《杏姑梦》讲述了农村产业转型背景下一个女强人的创业故事，故事在多线叙事下展开，不仅融入了现代产业的众多理念，具有时代性，而且叙事表现非常生活化，充满了喜剧元素和矛盾冲突。作为一个成熟的栏目剧，这两个作品充分体现了创作团队多年来在叙事表现力和创造性方面的锤炼。

除此之外,一些特别节目也给我们展现了设计和策划上的亮点,比如刚刚经过改版的《乡约》栏目,从原来的以地域文化展示为主的脱口秀变成一档农村婚恋类节目。在五一特别节目《农民工专场》中,节目环节设置丰富,故事线完整,叙事紧凑,具有很强的戏剧性和悬念感。主持人把控与引导能力强,出场人物语言诙谐幽默,整台节目气氛活跃,极具吸引力。

从日常节目看,农影中心节目的叙事能力依然可圈可点。在日常调查性报道的展现上,调查报道证据链完整,事实确凿,采访扎实,角度全面而细节生动。调查过程充满悬念又层层深入,牢牢吸引着观众的注意力。让笔者印象深刻的是《河南驻马店:219 省道上的罚款盛宴》这则调查性报道的举证过程。记者详尽地记录了卡车司机在全程 60 公里的路段 4 次被罚款的经历,生动地呈现了路政交警罚款时的“不规范”行为和被“无理由”罚款后司机的委屈。同时节目又层层深入,通过比较和分析佐证罚款的不合理性。有情有理、有理有据,充分揭露了该路段路政交警的不合法行径。

三、精于提高制作水准

随着竞争的加剧、传媒技术的发展和新媒体的冲击,传统电视竞争越来越体现为电视工艺的竞争,精细、精致成为衡量电视节目的一个标准。有人说,电视进入了大片时代,其实大片时代不仅仅是节目制作规模和经费的增加,更重要的是节目品质的提升,其中制作的专业水准是非常重要的方面。从这个方面看,2014 年农影中心的节目也体现出了在节目制作水准上的专业品质。比如特别策划的节目《手艺》和《中国人的饭碗》等,在摄影、剪辑、包装手段上都体现出了较高的水准。

在摄像上,节目镜头画面不仅仅有着画质精细、色彩曝光合理的质感以及“言之有物”的信息表达,而且大量精致的运动移动镜头、航拍镜头、逐格镜头、升格镜头增强了画面的表现力,并赋予了节目画面一定的韵味和意境。在剪辑上,创作团队善于把控节目的节奏,使节目随着叙事内容的推进富有了起伏,具备了节奏感。在包装上,不论是节目片头的制作,还是节目中动画的制作、字幕的包装、数据可视化的呈现,都在创作者的努力下既具备了统一的风格又具备了一定的审美价值。比如《中国人的饭碗》的片头片尾、采访的动态背景、人名条、字幕条、数据可视化的动画呈现等包装的设计统一使用了“麦穗”的金色作为主色调,而“碗”“禾苗”“粮食”等画面也作为可视化元素呈现在各类包装的细节之中。节目整体的包装设计不仅高端大气、细密精致,更观照了粮食安全问题的节目主题,体现了主创人员在节目包装设计上的用心。

节目制作水准的提高,非常好地反映了农影中心创作团队的专业水平越来越高。经过多年的打磨,农影中心已经形成了自己非常专业、稳定的创作团队。

四、期待提升的地方

纵观2014年农影中心的参评节目,笔者认为,在节目不断深入提升改进的同时,一些老问题还仍然存在,而一些新问题也陆续涌现。节目主创人员尚需在以下方面多加注意,以期节目水准更上一层楼。

(一)重视内容提炼和内涵挖掘

节目创作是一个通过发现、选择与提炼,将事件新闻点、人物故事、人文内涵挖掘出来的过程。从本次参与评奖的节目看,我们能看到记者坚持深入一线的体验和采访,但是需要把握一点的是,深入基层在于新的发现,在于独家发现,在于独家的视角选择,在于从发现中提炼问题,在于从一个现象当中挖掘出最让你好奇、最能区别于前人报道的独家材料。这就是一个平庸记者与一位优秀记者之间的分水岭。从这次的众多节目中,我们能够感受到记者们深入一线采访的踏实工作作风和态度,也能感受到基层生活的鲜活信息。但是如果说节目还需要提升的话,则需要记者或者编导综合自己的知识背景和专业能力去敏锐地捕捉生活中的独特问题,并提炼放大出来,形成独特的角度。2014年农影中心有些节目仍然是走马观花式的见什么说什么,缺乏缜密的策划,记者在现场对于问题的发现和提炼还远远不够。比如,《乡土》栏目中的一些节目,对事件与人物故事的展现还是一带而过地介绍,叙事的逻辑还是简单的旅行游记的模式,见什么说什么,拿到篮子里都是菜。有的节目给人感觉整体比较散,缺乏集中的魂魄。

本次评奖的部分节目在内涵的挖掘上还有所欠缺,一些特别节目虽然策划严谨,制作精良,但在文化韵味和思想深度上还需要提升,尤其是解说词的提炼和思想开掘还需要加强。这种问题甚至存在于获奖作品如《中国人的饭碗》和《手艺》等节目当中。在笔者看到的这两个节目中,解说词大部分起到了说明、介绍、阐述背景的基本作用,但却缺乏潜台词,缺少对画面背后的思考。在笔者看来,好的解说词应该体现出内涵,体现出思想,能够写出观众心中有笔下无的东西,而不仅仅起到介绍说明的作用。现在看来,一些特别策划的节目尤其应该在细节上提升专业品质。

(二)点和面的观照

我们常说,新闻报道要做到点面结合。我们采访报道的是一个个案,而如何让个案形成意义,需要把这个个案放在社会背景下、放在当前国家大政方针下去考量,进行对比、梳理、分析,其意义才会深邃、高远。只有把你脚踏实地调查报道的个案与大的背景联系起来,报道才有落脚点,才有更普遍的意义。这需要记者有统领全局的视野,有联系的报道思维。

本次参评的有些节目只是就事论事,没有体现出以小见大、以点带面的提升能力。比如《聚焦三农》栏目中《秋收到农家——打松塔》这则新闻报道,只是讲述了秋收时节,因为各种原因主人公雇佣不到打松塔的人,使得松塔无法收成,影响秋收的情况。此报道所展现的内容局限在片中主人公身上,却没有展现农户所在地区或者其他地区是否存在同样的情况,也没有从全局的角度思考这种情况的严重性,使得这则报道的新闻价值大打折扣。《变种的土豆》不断重复地展示现象,叙事没有从点到面的递进与发展。《麦收经济人的"战争"》也仅仅停留在展现一个个案纪实故事的层面上。有的调查性节目经过缜密的调查和环节展示,过程讲述到位,但最后的落脚点却很弱。

同样的问题也体现在特别节目中,如何将普遍性和故事性表现结合起来。比如在《每日农经》的特别节目《牛王争霸赛》中,节目尽管在现场热热闹闹,但是缺乏一个整体意义的观照,参评特别节目显然不具有典型性。

(三)注意实用功能性和可视性的关系

农影中心的几档栏目定位于教授观众一些实用的农业科技知识及一些新的农业方法和手段,尤其是在《科技苑》和《农广天地》这样的栏目中,知识性、功能性比较突出,也面临着实用性和可视性在节目中的关系问题,它们既是相关的,但同时又存在矛盾性。笔者认为,在这些节目当中,传授具有普遍意义的实用方法固然重要,但是从一个电视节目的角度而言,它的趣味性、可视性也是不可或缺的,因此,如何寓教于乐仍然是不可回避的问题。

那么,如何才能在节目中兼顾实用性与可视性?笔者认为,如果节目在介绍一个新方法的同时,能够表现出当事人的精神思想和价值观念就是一个好的方式。所谓明心见性,比如《科技苑》栏目之中的《沙漠种树 十秒钟一棵》和《发酵的力量》这两个节目就在这方面表现得比较出色。它们都能通过讲述当事人在农业技术创新中寻求解决问题的办法的故事,在传授知识的同时,展现出主人公勇于面对挑战、敢于突破和锲而不舍的精神。节目突出了人民的首创精神,向观众介绍了新的农业技术和方法,又在人的情感层面获得了共鸣。这就使节目跳出了单纯的教科书、说明文的模式,进入到了以问题带故事,以故事传授知识的层面,也体现了以事带人、以人情人性打动观众的思路,节目也就兼具了实用性和可视性。

(四)特别节目的提升

从颁奖、晚会、整合集纳等特别节目来看,虽然特别节目的数量和规模有所压缩,但总体而言,还有许多可以提升的地方。

主旋律特别节目的软着陆问题。自上而下的主题宣传节目如评选、活动等大型主题宣传节目抓住了国家大政方针、国计民生等重大问题,但在点与面、宏大叙事与个案故事的关系处理上仍有所欠缺。因此,还应该继续挖掘探索,找到与普通老百姓产生情感共鸣的切入点、符合平民视角的叙事逻辑。

特别节目的同质化问题。农影中心经过多年苦心经营,对特别节目已经有非常成熟的操作方法,这种操作方法形成了比较标准的利于操作的模式,但同时也会出现创新乏力的问题。笔者认为,农影中心特别节目总体而言分为四类:第一类是主题特别活动,比如三农人物颁奖等。这类节目模式基本是主持人串场、嘉宾访谈、官员颁奖等。第二类是比较"接地气"的三农产品和生活类的特别节目,比如农产品嘉年华、才艺大赛等。这类节目基本是群体主持人串场、歌舞表演、农村才艺展示、农产品展示。第三类是各个主题晚会,主持人串场、歌舞表演等。第四类是集合类的节目,把日常的一些特别节目经过二次编辑整合而成,再辅以群体主持人串场。应当说这四类节目有各自的主题和特点,但总体看来,有些节目的区隔度并不高,很多节目的设计和策划没有按照本年度的主题来特别设计节目和串场词,有的干脆就是大杂烩。因此,节目看起来热热闹闹,但很难形成深刻印象,甚至会造成审美疲劳。

特别节目与日常节目的关联度。有的特别节目比如三农人物颁奖、创富人物评选等本身紧扣日常节目,能形成前后呼应,这固然重要,但如何能把日常季播或年播的节目与特别节目形成有机的联系,则是需要创作者再思考的问题。如何在日常节目中一环扣一环地形成内容的层层推进,最后在特别节目中形成总爆发,把日常节目与特别节目的收视有机地联系起来,使特别节目不是一个孤立的集合,从而形成系统的相互支撑的局面。

结论

总体来看,2014 年的农影中心的节目在现实观照、专业讲述、专业制作方面体现出了较高的水准。笔者参加了农影中心 5 个年度的评奖工作,深刻感受到农影中心创作团队坚持责任与竞争并重,新闻节目能抓住农业重大命题,敢于触碰、剖析问题。综艺节目接地气,贴近三农,促进了农村文化建设,也抓住了流行元素,在知识、服务、公益、趣味性、可视性上可圈可点。整合性的节目体现了创作团队较高的策划与二次编辑的能力。而 2014 年的一些参评节目呈现出了较高的质量,可见农影中心的创作团队日臻成熟。

但是电视文化到底还是以都市流行文化为主体的文化类型,反映三农题材的电视产品从某种程度上说不一定能引起轰动效应。笔者认为,农影中心的节目创作团队也不用刻意去追求大片和轰动效应。比如《乡约》节目,环节设计到位、人物特色突出、现场气氛热烈、内涵表达丰富,是一档高质量的电视节目,而这样的节目,应该得到更多的鼓励和推广。同时,要注意万不可单纯效仿,从而丢失了自己的特色,应当根据自身的资源特色形成独特的节目生产、节目经营、产业链构建的区隔度。在今后的创作当中,创作团队应当扎扎实实地锤炼内功,抓住三农领域的重要问题,讲好故事,做出具有丰富文化内涵与社会效益的电视节目。

农影中心有自己独有的资源优势,应当坚持自己的发展方向,在节目理念定位等方面坚定不移地走下去。相信在创作团队这种追求卓越的理念引领下,农影中心的电视节目水准会越来越高,这也能给整个农业节目的发展以启示。

〔曾祥敏,中国传媒大学电视学院副院长,教授,博士生导师;张昱,中国传媒大学电视学院 2014 级国际新闻传播专业硕士研究生〕

数字新闻的超链接:意义与方法

Hyperlinks of Digital Journalism : Significance and Methods

◎顾 洁 李 成

Gu Jie Li Cheng

摘要:在信息化、数字化时代,超链接早已成为数字新闻惯用的元素之一,但目前国内关于数字新闻超链接的研究尚不多见。本文从创作观上探讨了数字新闻引入超链接的意义,分析了国内外数字新闻超链接典型的编辑与使用方法,并从具体的操作实践层面上探究了数字新闻超链接。研究表明,超链接可以增加文本的可探索性,提升信息的量与质且利于新闻动态的报道;在使用上要注意超链接对数字新闻形式、类型、内容以及呈现方式的改变。上述结论可对我国数字新闻的发展提供必要支持。

关键词:数字新闻,超链接,可探索性,内部链接,外部链接

Abstract: In the information and digital age, hyperlinks have became widely used in digital journalism. Nevertheless, relevant research is scarcer in our country. This article explores the meanings of the combination of hyperlinks and digital journalism, analyzes the typical ways in which hyperlinks are edited and suggests several practical ways of using hyperlinks in digital news reports. The result shows that hyperlinks can enhance the explorability of texts and improve the quality and quantity of news information. In terms of practical use, the ways in which hyperlinks modify the formats, genres and contents of digital journalism should be our great concern.

Keywords: digital journalism, hyperlinks, explorability, internal links, external links

引论

新媒体技术在延伸人类身体的同时,也引发了人类对于更多信息的渴望。在数字新闻的传播实践中,超链接的广泛使用简单有效地让新闻内容在层次上变得更为丰富和立体。数字新闻的超链接(Hyperlink)是指在融合数字多媒体产品形式的新闻超文本内由某一位置链接至另一目标的元素[1],点击对象可以是地址、关键词、文本,甚至图

片,其链接目标也非常多元,如相关新闻、网站及应用程序等。随着数字新闻的迅速发展,超链接已经不仅仅停留于为新闻提供背景信息和参考内容,设置构思精密、位置合理、信息关联度强的超链接,将能够改变数字新闻的报道思维和叙事方式,为用户提供更加多维的阅听体验。

为了研究超链接对数字新闻的意义和实践方法上的改变,本文针对超链接在国内外数字新闻网站上的应用,通过对具体案例的深入分析,针对超链接对数字新闻形式、类型、内容及呈现方式的改变进行了具体研究,以期对我国数字新闻的发展提供必要支持。

一、超链接的意义

1.增加文本的可探索性

文本的可探索性是指故事的情节或细节吸引受众做出进一步探索的性质。数字新闻因其多媒体融合的传播形态、网络化传播平台的技术基础,可以自然地把用户引向更广阔的情境,提高新闻的可探索性。

数字新闻提供超链接的首要意义是打破传统的线性叙事结构,为新闻增加进一步引发受众兴趣的效果。在这一点上,作为经典视听文本的电影叙事策略仍然值得新媒体文本借鉴和思考——好的故事应当是一个"迷",即通过曲折迂回的叙事结构、适时地释放某些信息、提供推动情节发展的线索,从而锁定观众的注意力。但值得注意的是,新闻与电影最大的区别在于新闻是基于真实性原则来进行创作和传播的。电影叙事中可以保留大量属于"迷"的情节,但新闻的主要目的是为了让受众能更为清晰地获知新闻事件的相关信息。因此,数字新闻在使用超链接拓展文本的可探索性时,不能对增加叙事可探索性的策略盲目照抄照搬,须对该策略做出进一步修改,批判性地借鉴。模糊不清、需用户主动探索的内容必须控制在一定限度内,否则难以满足用户使用。

其次,超链接的引入将极大地提升数字新闻叙事的层次感。在数字新闻时代,新闻创作者可以视新闻题材,在形式上做出更多增加新闻可探索性的尝试。美国安能伯格传播学院建立了一个以研究"大众流行文化中的记者形象"为目的的数据库。该数据库建立至今,其容量已更新至 8.5 万条,其中包括小说、影视剧等各类型的文本。研究者通过对该数据库进行词频分析发现,"调查(investigate)"一词排在所有关键词的首位,即在大众文化里,记者基本上被呈现或再现为探索事实真相的"调查者

(investigator)”,而记者为用户所呈现的新闻也被广泛地看作是引领用户回归调查现场、参与调查始末的引导性文本。调查类报道的创作由于取材丰富、涉及大量的资料,因此在创作中首先要对新闻素材进行整理和分层,分层后的素材有助于用户由表及里地了解调查事件的始末,结果性的信息一般被保留于较为浅层的新闻报道中,而体现调查过程的种种细节性材料则适于被放进深度报道当中,从而更加突出调查新闻的过程感。因此,超链接对于文本分层的优势非常适于调查或犯罪类题材的报道,帮助用户在调查者的带领下层层深入地揭开事实的真相,也使得一篇调查新闻可以既是结果性报道又能展开深度的阅读。

2.提升信息的量与质

对于数字新闻量的增大,主要体现在新闻材料的增加上。“超链接”可以将独立篇幅的、有限的新闻内容与互联网海量存储的信息相联通,极大地提升新闻内容的信息量。一方面,数字新闻中的新闻背景、涉及的专业名词,以及解释性和分析性的深度内容都可以通过超链接内嵌在一篇短小精悍的数字新闻作品中;另一方面,对新闻创作者而言,面对从新闻现场带回的大量素材,限于篇幅和版面,信息的取舍曾一度给记者和编辑造成困扰,以至于在报道时不得不进行多次筛选,而超链接的使用显然为信息选择提供了更好的灵活性。

对于数字新闻质的提升,首先表现在时效性上,由于通过超链接,省去了对新闻背景的大量描述,新闻从业人员得以更加迅速高效地为用户提供最及时的资讯。其次,更为重要地表现在信息的考证问题上。记者可以确保获取的新闻素材完全真实、准确,但难以保证超链接到的第三方数据、图表、统计信息等绝对可靠。此外,从搜索引擎的运行逻辑考虑,数字新闻中所引用的超链接直接表明了“源页面对目标页面的肯定”[2],被其他新闻作为超链接引用次数越多,其链接权重越大,意味着该新闻更具参考价值,这也是越权威的新闻网站,其发布的信息被链接的次数越多的原因。可见超链接的引入实际上对数字新闻的记者和编辑提出了能力和工作量上的全新挑战,只有保障了包括超链接在内的新闻内容一以贯之的质量,才能达成提升媒介机构权威性和可信度的目的。

3.利于新闻的动态报道

与传统媒体的新闻报道相比,新媒体文本永远处于变动的状态中,具有普遍的未完成性和未定论性。因为数字新闻是一个开放的文本系统,超链接的使用对于文本的开放性具有革命性的意义。“对正在发生并持续发展的新闻事件在一段时间内”的连续报道,多以时间为序,以事件的重要进程为节点。超链接的增加可为数字新闻的连续报道提供可参考的时间线和大事记索引等,方便用户追溯式地阅读。此外,对于“围绕同一题材和主题从不同侧面、不同角度作多次、连续”的系列报道,尽管各条报道在时态上并不连续,却有着内在的逻辑关联,在当今的媒介场域中,新闻事件已经不再是线性发生,而已成为网状或如同德勒兹[3]所言的“根茎般发散生长”[4],因此来自各个侧面的信息都可以通过超链接附着于数字新闻型构的网络节点之上,使新闻真正获得新媒体动态发展所需要的“生命力”。

二、超链接的典型编辑与使用方法

1.位置与形式

目前,超链接位置与形式的处理以文中嵌入式和文尾索引式两种方法为主。较为常见的是文中嵌入的处理方式,以 *NewYork Times* 为例,如图 1 所示,通过下划线与颜色的标蓝提示用户超链接的存在,用户在阅读的过程中可以根据个人的喜好点击进入相关内容;文尾索引式是将超链接以索引的形式置于文尾,以 BBC 为例,如图 2 所示,将所有与新闻内容相关的超链接放置在新闻页面的最后,读者只有在浏览完所有的新闻内容后才能看到相关新闻的超链接。

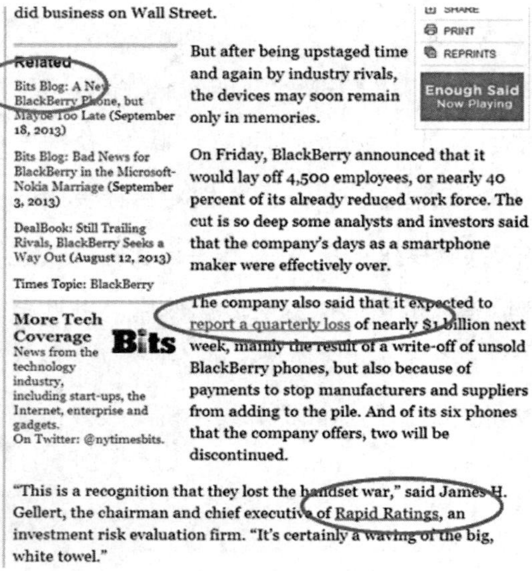

图 1 *NewYork Times*

图 2 BBC

位置与形式本无优劣之分，但从经验研究的角度出发，用户对超链接位于文中或文尾的确有着迥然不同的阅读体验。嵌入式的超链接的优势在于能够及时解答用户对文中词汇或概念的困惑，避免用户在抱着疑问阅读完全文后才能释疑。但这样做的缺点则表现在需要用户在阅读中及时做出是否点击进入超链接进行拓展阅读的决定，如果此时进入超链接阅读，容易花费大量的时间与精力，假如链接到的内容恰好吸引了用户的阅读兴趣，则用户很难再次返回到原新闻页面，获得新闻阅读的沉浸感；但如果选择不进入超链接又有可能在阅读完全文后便不再返回点击超链接拓展阅读，从而错过某些重要的信息，如此极易打破用户原本完整的阅读体验。与此相反，若将超链接置于文尾，不仅难以对用户存疑的地方及时作出释义，还可能导致用户在看完新闻正文内容后不再选择继续向下浏览超链接内容，造成了超链接的浪费。两者在优劣方面呈现出互补性，因此综合运用将是未来的发展趋势。

2.超链接的类型

现行的数字新闻超链接通常分为两类，即内部链接和外部链接。内部链接表明数字新闻中出现的超链接仅指向本网站数据库内部或本网页内部，是目前较为普遍的做法。这样做的原因，一是视流量和点击率为生命的新闻网站，不愿意将稀缺的注意力资源分流向其他外部网站；二是内部链接可以提升本网站新闻的主题相关性和链接权重，从而提升本网站新闻在综合搜索引擎中的排名。但内部链接也具有很大的局限性，从新闻内容方面来看，一个独立网站内部的内容资源较之于广阔的网络空间可谓十分有限，往往很难满足用户对某些信息的补足性需求，而从新闻评论的角度来看，一家之言也难以反映出对新闻事实全面中肯的评价。因此，在 Google 的搜索规则中，为避免新闻网站在搜索引擎中提升搜索排名的作弊行为，对数字新闻内部链接的数量做出了规定，嵌入一百条以上内部链接的新闻页面将直接被搜索引擎忽略。

在国外，NewYork Times 是典型的内部链接型数字新闻网站，以《纽约时报》对某音乐家在 Carnegie Hall 举办演奏会的新闻为例，在对该文中的关键词 Carnegie Hall 做超链接编辑时，仅列出纽约时报网站数据库内部所有与 Carnegie Hall 相关的新闻，而不会指向第三方网站。事实上，用户此时或许更希望通过该超链接进入到 Carnegie Hall 的官方主页，对该演奏会进行进一步的关注或产生购票等消费行为。因此大多数时候，用户更希望超链接将自己引向更具价值的第三方网站。在国内，新华网采用的也是内部链接的形式。以图 3 所显示的文章为例，该新闻指出“穆巴拉克涉嫌 2011 年动用武力镇压示威者”[5]。新闻的主要报道对象是穆巴拉克，但当用户的鼠标悬停于“武力镇压”一词之上，弹出的却是泰国、乌克兰、日本等与本文主题关联度极低的新闻内容。这是因为目前数字新闻网站的超链接编辑大多依赖于机器自动的搜索引擎优化算法,其主要目的还停留在提升本网站的链接权重上,因此并不具备拓展同主题新闻内容的人工智能性。

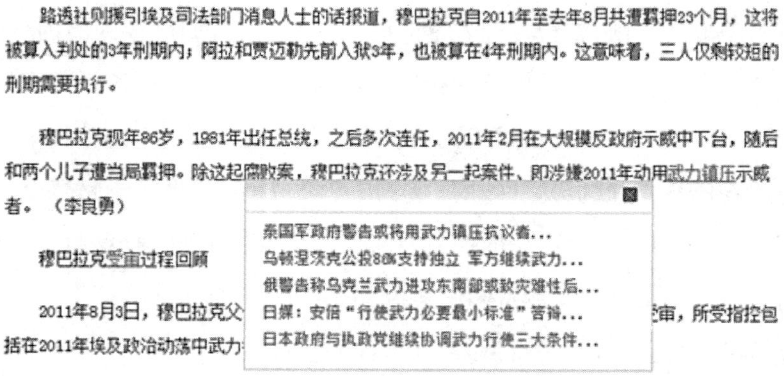

图 3　新华网案例

外部链接是指本网站与其他外部网站或非本网站所属页面之间的链接关系,在注意力经济时代,外部链接一般多出现于有合作关系的网站之间,如腾讯新闻会将某些娱乐信息的超链接指向大麦网的票务信息,而不会轻易为非合作媒体提供链接。外部链接的缺点显而易见,即容易导致用户注意力资源的流失,任何一家新闻网站都不希望将本就来之不易的流量分与其他竞争对手。但由于外部链接具有内部链接难以提供的内容优势,因此在媒介融合的大趋势下,也变得越来越常见。对于新闻网站的编辑和记者而言,需要关心的是如何优化本网站内容,提升被引用作其他网站外部链接的几率。非新闻类商业网站或公关机构会通过软文推广、互动广告、交换链接等方式提高外部链接的引用率,但一个真正“有态度”的数字新闻网站,必须走特色化、专业化发展的道路,而不能依赖于投机取巧,只有及时、关注度高、有趣味性、实用的信息才是被引为外部链接的关键。

3.超链接的内容

适于添加超链接的内容一般分为属性类、背景类和娱乐类三个方面。属性类、背景类超链接是当今国内用户接触频率较高的超链接内容。属性类超链接包括法庭记录、研究报告、统计数据、术语等。背景类超链接则指的是与新闻事实或新闻人物存在、发生和发展的历史条件和环境条件相关的内容。超链接在这两类内容上的引入对于加深数字新闻的理解和扩大数字新闻的传播具有很大优势,不但能为用户提供更深度、更细节、更真实、更客观的信息，而且通过大量数据背景的加入，能在整体上为用户营造更强烈的数字新闻真实感，因此更有利于媒体自身可信度和美誉度的提升。

娱乐类超链接内容则比较少见且较难把控。娱乐类超链接是指纯属为了娱乐而添加的超链接内容。例如常见的“复活节彩蛋”（Easter Eggs），“彩蛋”一词源自西方复活节找彩蛋的游戏，原本寓意惊喜。但在今天的网络术语中，已经演化为数字产品中被隐藏的善意的小漏洞（Bug），在不经意之间带给用户使用刺激和快乐，旨在激发用户主动地在文本和页面中寻找，获得发现的乐趣。如 Google Tilt，当用户在 Google 的搜索栏输入“tilt”一词后，用户的网页上将产生页面倾斜的效果（如图 4）。这就是 Google 故意为之的五花八门的“彩蛋”之一。再如微信聊天界面特定的关键词触发背景中某些绚丽降落的特效，类似的案例早已风靡于雅虎、百度、淘宝等网站中，但由于新闻仍被认为是较为严肃的传播内容，因此“彩蛋”在数字新闻中尚不多见。

图 4　Google 案例

娱乐性超链接的添加考验的不仅是编辑的能力，更是编辑的创意。数字新闻从业者应当在特定题材的新闻超链接编辑中有意识地适当增加娱乐性的网络“彩蛋”。例如对于“习奥瀛台会”的报道，许多新闻网站都制作了独家的中南海地图超链接，点击地图或照片上特定的点，能打开不同的大门，进入并获得对涵元殿、香扆殿等宫殿的历史和功能介绍。从接受角度来讲，这将建立起新闻内容与用户更为紧密的联系，引发用户的好感,提升使用的兴趣和黏性。但要注意尽量避免以下两种容易引起用户反感的情况:一是“死链接”,即由于目标页面出错或页面已被删除等原因而无法正常打开的链接;二是具有“标题党”性质的链接,这种链接表面上极具娱乐性的吸引力,但点击进入后用户却被带入某商业广告的界面。

4.信息呈现方式

数字新闻的超链接也需改变传统对于新闻信息呈现方式的固有认识。美国马里兰大学已有实验得出了“文本结构和超链接的引入将明显影响用户的兴趣和认知”[6]的结论。该实验的目的是测试在数字媒体平台下,文本的叙事结构和超链接形式的引入位置如何才能结合出最符合受众阅读兴趣的数字新闻文本。实验内容是以同样的新闻信息为素材,分别按“正金字塔结构”和“倒金字塔结构”两种不同的叙事结构来讲述,并配合两种不同的超链接嵌入方式:第一种是传统的打开新页面进入第三方的超链接形式,第二种是通过鼠标的悬停操作出现弹窗式的超链接形式,由此形成同一新闻故事的 A、B、C、D 四种不同排列组合(如图 5)。然后测试并记录下受试者对四种不同组合的理解程度和阅读体验。研究者分别对不同性质的新闻内容进行了测试,这里需要特别强调的是,该实验主要针对较为艰深复杂的新闻内容,如有关核泄漏的新闻报道,其中充满了与核泄漏相关的专业术语和知识。

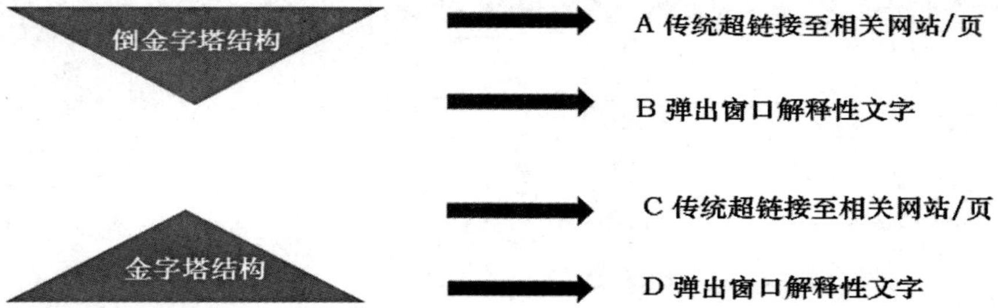

图 5　Yaros,R.的实验

实验得出的结论是“D>A>C>B”,即越复杂、越专业的内容越适合用“金字塔结构+弹出窗口” 模式,而“倒金字塔结构+传统超链接形式”“倒金字塔结构+弹窗式超链接”和“金字塔结构+传统超链接形式”的模式在阅读体验方面则渐次变弱。由此可见,在当今数字网络化环境下,超链接的引入正在改变新闻的信息呈现方式,该实验对国内数字新闻编辑具有一定的指导意义。

结论

目前对数字新闻超链接的研究,在意义层面还远远不够,超链接可涉及许多不同的研究角度,技术、叙事以及政治经济学意义等研究框架都可以引入到该研究当中。而在方法层面,国内则较为集中于宏观的质化研究,缺乏微观的量化实验。在数字新闻的使用实践上,超链接的引入已经对数字新闻的创作理念和方法产生了革命性的影响。尽管超链接在技术上并不复杂,但国内大多数新闻网站仍处于比较初级的阶段,还远未发挥出超链接除解释和提供背景信息以外的巨大潜力,同时由于国内数字新闻编辑过分依赖机器自动生成的算法,因此现阶段数字新闻中的超链接很难达到比较理想的效果。因此,随着数字新闻超链接在实践上的深入和创新,将会有更多规律性的发现,进一步补充本文在意义和方法上所做的基础性研究。

注释:

1.维基百科:http://en.wikipedia.org/wiki/Hyperlink。

2.刘冰:《融合新闻编辑中超链接的价值及其运用》,《编辑之友》2014 年第 4 期,第83-85 页。

3.4.陈永国:《德勒兹思想要略》,安徽师范大学出版社 2002 年版,第 502-505 页。

5.《穆巴拉克因贪腐被判 3 年》,新华网,http://news.xinhuanet.com/world/2014-05/22/c_126531423.htm。

6.Yaros,R,"The Structure of Text and Links Can Significantly Affect Reader Interest and Understanding",Retrieved Oct.10,2014,from http://explainmynews.org/? p=2316. 2011,March 30.

〔顾洁,中国传媒大学新闻传播学部电视学院副教授;李成,中国传媒大学新闻传播学部电视学院广播电视学 2013 级研究生〕

网络新闻动画的传播特点分析

The Analysis about Communication Characteristics of Network News Cartoon

◎ 王文利

Wang Wenli

摘要:网络新闻动画是一种非常重要的网络新闻图像形式。它具有形式新颖、视觉冲击力强、适应多种题材、情感色彩浓厚、制作快捷等特点。2000 年 Flash 技术登陆我国,2002 年 Flash 新闻动画开始出现,2009 年随着国内移动互联网时代的到来,新闻动画逐渐在网络媒体普及。网络新闻动画在实际运用中存在表现的内容不恰当、歪曲事实编造情节、形式大于内容、技术性失误等问题,因此,必须正确认识网络新闻动画的特性,适当限制其题材,严格把握其表现的尺度,明确其受众定位。

关键词:网络,新闻动画,传播特点

Abstract: Network news cartoon is a very important form of network news images. It has novel form, strong visual impact, strong sense of emotion, adaped to a variety of themes and is easy to make. In 2000, Flash landed in China, then Flash news cartoon appeared in 2002. In 2009, with the arrival of the era of mobile Internet, news cartoon gradually spread in the network media. Network news cartoon in the practical application is faced with the problem of showing inappropriate contents, distorted facts and the problem of forms surpass contents, technical errors and so on. Therefore, we must have a correct understanding of the network news cartoon's feature, appropriately restrict its theme, strictly control the scale, make clear the orientation of the audience.

Keywords: network, news cartoon, communication characteristics

网络新闻动画是指以人工制作的非实拍动态图像为主,辅以文字、声音或其他元素,展示新闻要素,独立报道新闻事实的网络新闻图像形式。

一、网络新闻动画的特点

网络新闻动画由于制作时使用的软件及技术手段不同,形式多样,有平面动画也

有立体动画,有带音频的动画也有无声动画,但最常见的为 Flash 新闻动画。

Flash 动画分为逐帧动画和渐变动画,后者又分为运动渐变动画和形状渐变动画。逐帧动画中动态部分可分解成多个动作,然后逐个制作。每一帧都是关键帧。帧的内容可以是位图、文字或矢量图形。传统动画常常采用这种方式,所以动画文件数据大,所占空间也较大。渐变动画通常有两个不同状态的关键帧,关键帧之间的所有帧画面由 Flash 自动创建。运动渐变动画表现为文字、事例、群组等发生位置变换、尺寸缩放、平面旋转、颜色渐变或淡入淡出等效果的运动。形状渐变动画表现为图形的形状变化,一个图形变成另一个图形时,自动生成过渡帧。

Flash 动画使用的图形通常有矢量和位图两种格式。矢量图通过直线与曲线来描述图形,其形状是由曲线经过的点来描述的,其颜色则由曲线的颜色和曲线所包围区域的颜色来确定。对矢量图进行修改编辑时,实际上修改的是其中曲线的属性。因此,对矢量图进行缩放、移动、颜色改变等修改时,不会影响其显示质量。矢量图与显示设备的分辨率无关,在不同分辨率的输出设备上显示时,其显示质量不会下降。位图又称点阵图,是由被称为像素的点组成的。或者说,位图是由不同颜色的像素点组成的,其成像原理与拼接图像类似。在对位图进行处理时,处理的对象是像素而不是曲线。位图的显示质量与分辨率密切相关,对位图进行编辑时有可能改变显示质量。

除了 Flash 新闻动画外,目前也出现了 3DMAX、MAYA 等软件制作的三维立体动画,但数量不多。

在网络新闻传播中,新闻动画具有以下传播优点。

(一)形式新颖,视觉冲击力强

新闻动画通常不受时空的制约,可随意表达创作者的创意,因此生动活泼,充满创造力和想象力,具有较强的表现力和视觉冲击力,能够让观众眼前一亮。如新华社发布的 Flash 新闻动画《“食人鱼”入侵中国》的开头段落中,食人鱼的照片经过三次改变景别逐渐变得清晰巨大,接着出现新闻标题“食人鱼入侵中国”,“入侵”二字由黑变红变大,与画面中狰狞的食人鱼形象结合在一起,给人触目惊心之感。接着动画中的食人鱼放大缩小两次,跃跃欲试,最后放大到模糊,暗示食人鱼的攻击正在迫近。接着由动画爆炸效果引出下一组图片。

(二) 适应多种题材

与新闻照片、电视新闻不同,新闻动画几乎不受题材的限制,也不受时空的限制,各种题材的新闻、各种时态的新闻事件都可以通过它进行形象化的报道。特别是在战争、灾难等新闻事件报道中，无法或者难以获得影像资料时，新闻动画具有其他手段无法比拟的优势。

（三）情感色彩浓厚

新闻动画与新闻图示区别很多，其中之一就在于新闻动画的主观色彩、情感色彩浓厚，对新闻事实进行报道时，或幽默或讽刺、或赞颂或批评、或冷嘲或热讽，可运用夸张、变形、比喻等多种手法。而新闻图示则显得冷静、客观、真实得多。从某种意义上说，新闻动画与新闻漫画是一脉相承的，是新闻漫画的一种动态形式。

（四）制作快捷

这主要是针对 Flash 新闻动画而言的，如果是 3DMAX、MAYA 等立体三维新闻动画则另当别论。Flash 新闻动画制作简单，符合新闻时效性强的需求。

二、网络新闻动画的兴起和发展

2000 年 Flash 技术开始登陆我国，2002 年被运用于新闻报道。2002 年 3 月，千龙网推出的每周一期的《Flash 七日》是国内最早的 Flash 新闻动画。①

随后，新华网的动漫频道开设了“Flash 今日”和“Flash 专题”栏目。前者有大量的新闻性 Flash 作品，后者是资讯类和综述性 Flash 新闻作品。但到 2004 年下半年，新华网 Flash 新闻作品较少，“动漫”频道也从首页导航栏中退出。

从总体上看，这个时期国内新闻媒体开展 Flash 业务的很少，千龙网的 Flash 新闻动画独占鳌头。2002 年千龙网推出的《Flash 七日》是一周新闻综述栏目，以动漫多媒体形式报道新闻，由虚拟主持人主持播报，虚拟记者担任采访。这些在当时都是国内首创。同年 9 月 1 日，千龙网又正式推出了《Flash 今日》报道新闻和资讯。2004 年 3 月，千龙网 Flash 新闻栏目改版，将原来每日的《天天播报》和每周的《Flash 七日》合并为《天天八卦秀》栏目。

千龙网《Flash 七日》中，主持人“罗罗嗦”，记者“迷死你”“大贱谍”是三个虚拟人物，本身就是新闻的主角。他们采写的新闻多是非时政性的小事件，如“洋中文”“招聘新招”“如此纳凉”等不良社会现象，少量的时政新闻来自传统媒体并将其做 Flash

① 闵大洪：《数字传媒概要》，复旦大学出版社 2003 年版，第 113-114 页。

化处理。《Flash 七日》最早开播的几期中,每期都穿插了滑稽的动画小插曲,让观众发笑。节目中虚拟记者在外地采访都是采用动画方式表现的。2002 年《Flash 七日》的“两会报道”和“阿富汗战争”专题报道,以虚拟主持人动漫形象为主,辅以图片、照片、少量动画等视觉表现元素,因此,应该算是一种新闻动画。这种新闻报道形式,极大地软化了新闻,使新闻具有了动漫的性质,更为生动、有趣,更具可看性。

2009 年,随着国内移动互联网时代的到来,新闻动画逐渐在网络媒体普及。2014 年“两会”报道中,新闻动画发挥了重要的作用。

腾讯“一分钟说两会”系列新闻动画格外引人注目。选题方面,关注细节、注重外围。该栏目许多选题虽然不是重大选题,但都与“两会”密切相关,如“女记者采访‘神器’亮瞎会场”“总理记者会美女翻译知多少”等。内容及形式上,主题集中,避免受众注意力分散;语言风格上前沿时髦,流行语及新潮表达贯彻始终。新浪“两会”专题推出的“关进笼子的欲望——官员被改变的生活”新闻动画,其漫画人物形象的设计,对官员生活的概括渲染,对数字信息拟人化的处理,既客观反映了社会问题,又表达了情感,引起了受众的共鸣。此外,网易的新闻动画“你所不知道的 60 年人大细节”,搜狐的新闻动画“两会的成本”“谁保障两会”,等等,都获得了较大的社会反响。

图 1　新闻动画“关进笼子的欲望——官员被改变的生活”

三、网络新闻动画的问题及对策

新闻动画毕竟是人工制作的动态影像,不具备真实性和纪实性,如果使用得过多、过滥肯定会损害新闻的真实性。

(一)动画表现的内容不恰当

新闻动画并不适合所有题材的新闻报道,在科技、教育、卫生等题材的新闻报道中,使用新闻动画恰当的话,可取得很好的传播效果。但如果在严重犯罪新闻报道中滥用新闻动画,特别是模拟、再现犯罪嫌疑人对受害者的加害过程,则会对受害者及其亲属造成心理上的二次伤害,违背新闻伦理道德。此外,严肃的时政新闻如果采用新闻动画进行表现,则会损害新闻的严肃性。

(二)歪曲新闻事实或编造事实细节,损害新闻真实性

2010 年 8 月 23 日,香港康泰旅行社游客在菲律宾马尼拉被劫匪劫持后,警察强攻解救人质,结果造成了人质 8 死 7 伤的惨剧。悲剧发生后,在事实经过还没有全部弄清之前,香港部分媒体使用新闻动画展示车内悲剧。其中的猜想、臆测的成分太多,将新闻动画搞成了新闻故事画。

(三)出现技术性失误,导致报道失实

新闻动画往往是由动画设计、程序设计专业人员完成的,先进的技术可以让他们轻而易举地制作出各种影像来,但这种技术上的便利性和随意性,也常会导致新闻失实。

(四)形式大于内容,动画掩盖了新闻事实

动画成为新闻的主角,而事实反而成为配角,导致受众只关注动画忽视了新闻事实。

(五)动画制作软件存在各自的问题

Flash 软件尽管操作简单、制作方便,但因为是矢量绘图,设计风格较为夸张,难以制作写实、精细风格的动画。Flash 动画颜色生硬单一,颜色过渡不自然。另外,Flash 动画模拟的声音与真实的人声存在一定的差距,用来作为新闻配音,给人虚幻之感。与 3DMAX、MAYA 软件相比,Flash 软件制作动画时效性强,但与电视摄影机的现场直播相比,则又慢得多。而 3DMAX、MAYA 软件制作的三维立体图像真实、精细,但耗时长,制作复杂,很难满足新闻时效性强的要求。

要解决上述问题,必须从以下几个方面着手。

首先,要对新闻动画的特性有正确全面的认识。新闻动画与新闻漫画、新闻图示之间存在区别。新闻动画与新闻漫画比较接近,可以说新闻动画是新闻漫画的一种动态形式。两者尽管都可以对新闻事实进行报道,但报道事实不是它们的优势,对新闻事实进行评论,或者说对新闻事实表达或幽默或讽刺、或冷嘲或热讽、或歌颂或批评的态度,才是其优势。新闻图示与新闻动画、新闻漫画差别较大。新闻图示的着力点是对不具备形象性的新闻事实或其要素进行形象化的报道展现。态度客观、冷静,不带倾向性,追求真实,是新闻图示的特点。如果将新闻动画、新闻漫画比作文字报道中的评论的话,那么新闻图示就是文字报道中的消息。因此,使用新闻动画时要强化其评论功能,淡化其报道功能。

其次,适当限制新闻动画的题材。新闻动画的题材应以社会新闻、娱乐新闻、科技新闻、体育新闻以及突发事件新闻等为主,多选用软新闻,避免硬新闻。

再次,严格把握动画的表现尺度。对新闻事实进行报道不是新闻动画的优势,在制作动画时,涉及事实报道的部分时,不能单凭想象、臆测,必须严格依据新闻事实来制作。对新闻事实进行评论是新闻动画的优势,可在这方面作充分的发挥。

最后,应明确新闻动画的受众定位。新闻动画短小精悍,以图形图像叙事为主,以声音为辅,特别适合使用手机等移动终端进行碎片式阅读的人群,因此,应以移动受众作为目标对象。另外,新闻动画与卡通类似,充满童真童趣,可锁定青少年为目标受众。

参考文献:

邓炘炘:《网络新闻编辑》,中国广播电视出版社 2005 年版。

董天策:《网络新闻传播学》,福建人民出版社 2010 年版。

詹新惠:《网络新闻写作与编辑实务》,中国传媒大学出版社 2011 年版。

赵勋:《试析“动画式新闻”应用中的问题及规范》,《电视研究》2011 年第 5 期。

牛新权、王超:《FLASH 动画在电视新闻中的应用》,《现代视听》2009 年第 2 期。

〔王文利,湖南师范大学新闻与传播学院教师〕

纪实的魅力
——浅析纪录片拍摄方式在亲子娱乐节目中的应用和未来

The Charm of Documentary
—— The Way of Documentary in the Family Entertainment Application and the Future Is Analysed

◎ 赵雪桐
Zhao Xuetong

摘要:本文主要分析讨论了纪录片的拍摄手法在当下火爆的娱乐节目中的应用问题。主要选取了亲子娱乐节目作为主要分析对象。本文认为,纪录片的拍摄方式不仅仅能够运用在纪录片这种单一的模式中,而且可以更好地和其他类型的电视节目相融合,运用在更多的电视节目中,并且预见了未来的电视节目应该走向融合的大趋势。

关键词:纪录片拍摄方式,娱乐节目,亲子

Abstract: This paper mainly analyzes the photography technique in documentary which is applicated in popular entertainments at the present time.Selected the parents-children entertainment as the main object of analysis,this paper argues that documentary photography technique not only can be used in the single area of documentary,but also could be well combined with other types of TV programs, and be better applied in more and more TV programs.This predict the future of a trend towards convergence among TV programs.

Keywords: documentary approach, entertainment, parents-children

当电视这个传统媒介不再是唯一消遣娱乐的终端之时,我们迫切地需要找到让观众重新坐在电视机前的节目。当越来越大的工作压力和越来越快的生活节奏不断吞噬着我们的生活时,我们也一直在寻找解决的突破口。于是,近些年来,我们的电视荧屏被各电视台的各种娱乐节目充斥着,我们的电视人也在不断地寻找和创作着能让观众放松开心的娱乐节目。

一、亲子娱乐节目出现的原因和现状

从2010年江苏卫视推出《非诚勿扰》以来，相亲类娱乐节目就成了这几年最受大家追捧的娱乐节目形式。可年复一年的流转，“流水的男女嘉宾，铁打的主持孟非”，已无当年的新鲜感，观众们挑剔的胃口不断在寻找着更美味的所在，就更不要说传统的娱乐节目了。那种“主持人卖萌耍宝，嘉宾们插科打诨”的方式已经无法再赢得可观的收视率了。于是，在2013年，湖南卫视推出了一档亲子互动真人秀节目《爸爸去哪儿》，一举成为2013年度收视率最高的娱乐节目。(见表1)

由CSM索福瑞调查，调查范围是四岁以上收看电视的观众，数据由央视索福瑞全国网、46城、48城测量仪提供。

表1[1]

	播出日期	收视率	收视份额	全国排名	收视率	收视份额	全国排名
收视率类别	全国网收视率				城市网收视率		
第一期	2013年10月11日	1.11	7.67	1	1.423	6.74	1
第二期	2013年10月18日	1.67	11.45	1	2.588	11.53	1
第三期	2013年10月25日	1.80	13.47	1	3.116	14.43	1
第四期	2013年11月1日	2.16	13.70	1	3.471	15.26	1
第五期	2013年11月8日	2.13	14.47	1	3.851	16.73	1
第六期	2013年11月15日	2.30	15.92	1	4.024	18.16	1
第七期	2013年11月22日	2.69	18.37	1	4.748	20.68	1
第八期	2013年11月29日	2.81	18.51	1	4.760	21.11	1
第九期	2013年12月06日	2.90	18.68	1	4.980	22.12	1
第十期	2013年12月13日	3.21	20.37	1	5.300	23.22	1
第十一期	2013年12月20日	3.40	21.41	1	5.008	22.16	1
第十二期	2013年12月27日	3.64	22.45	1	4.916	22.06	1
平均收视		2.85	18.52	1	4.671	20.98	1

很多观众在看过《爸爸去哪儿》之后大呼过瘾，并为其特殊的拍摄方式叫好。其实这种拍摄方式叫作“真人秀”，并且也并非我们的原创。所谓真人秀(也称真人实境秀、真实电视)一般是指以电视传媒为介质，通过举办某一类别的比赛活动，以从多名参赛者中选取最终获胜者为目的，同时有着丰富的奖品，可以获得广泛的经济效益的电视节目，也泛指“由制作者制定规则，由普通人参加与并录制播出的电视竞技游戏

节目”,还有人把它定义为“特定虚拟空间中的真实故事,以全方位、真实的近距离拍摄和以人物为核心的戏剧化后期剪辑而做成的节目”。[2] 真人秀强调实时现场直播,没有剧本,不是角色扮演,是一种声称百分百反映真实的电视节目。真人秀节目迎合了普通人求知欲、猎奇心、八卦、偷窥他人隐私的心理。美国有许多著名的真人秀节目如 *America's Next Top Model*、*The Apprentice*、*American Idol*、*Project Runway* 等。在中国,真人秀的节目也越来越多,如超级女声、加油好男儿、梦想中国、我型我 show、超级梦想、中韩新秀、中国达人秀、中国偶像等,受到观众的广泛关注。

湖南卫视的《爸爸去哪儿》原版来自于韩国 MBC 电视台电视节目《爸爸！我们去哪儿》,湖南卫视将其本土化后成为五位明星爸爸要在 72 小时的户外体验中,单独照顾子女的饮食起居,共同完成节目组设置的一系列任务的亲子互动娱乐节目。我国的真人秀节目大致经过了三个阶段,“普通人看普通人,明星看普通人,普通人看明星”。第一阶段是早年的《超级女声》时代,普通人作为个体出现在舞台之上,由更多的普通人观看并为其投票;第二个阶段是《中国达人秀》时代,依旧是普通人展示,但由明星、专家等来决定其去留命运;第三个阶段是《爸爸去哪儿》《我是歌手》的时代,舞台上不再是普通人,而是我们熟知的明星艺人,坐在台下决定明星去留的则是普通观众。十年左右的时间,实现了台上台下大反转。真人秀类娱乐节目从普通人开始,发展到现如今明星的阶段,充分说明了普罗大众想要接近明星、靠近明星,并且从明星身上看到自己影子的需求。这是一种人性的需求,是正常状态。亲子互动节目让每一个光鲜亮丽的明星摘掉头顶的光环,回归家庭、回归最本真的普通人状态,接近了和观众之间的距离。同时,将明星们的生活进行 24 小时全方位多角度立体的记录,最大程度地满足了普通人想要了解明星、接近明星的要求甚至是窥探明星隐私的欲望和要求。

二、亲子娱乐节目中纪录片拍摄手法的应用

2013 年,出现了一系列主打“亲子牌”的娱乐节目,如上文提到的湖南卫视的《爸爸去哪儿》,浙江卫视的《人生第一次》。2014 年,延续了上一年的亲子热,浙江卫视又推出了《爸爸回来了》,辽宁卫视也搭上亲子档这班顺风车,制作推出了《宝宝抱抱》,还有深圳卫视的真人秀节目《来吧孩子》等。亲子娱乐节目如此火爆,无疑是人们觉得在观看节目时体验到了真实感。观众认为他们所看即为真实,而这种真实带给观众的是一种有别于传统娱乐节目只是笑笑而过的新的观看体验。而这种让观众感觉到真实的观看体验实际上是借鉴了有关纪录片的拍摄方式。下面将就这一问题详细加

以说明。

《爸爸去哪儿》的第一集,是从编导在录制第一天的清早逐个敲开五个家庭的门开始的。首先映入观众眼帘的是五组家庭的装潢布局,以及在早上家庭成员的状态。我们看到睡眼惺忪的明星爸爸们,不施粉黛的明星妈妈们,萌态十足的宝宝们,这种能够看到明星家庭真实一面的感觉让观众感觉颇为新鲜,而这种拍摄方式就是纪录片拍摄中最常见的"直接电影"的拍摄方式。20 世纪 60 年代的美国,在纪录片拍摄者梅索斯兄弟的纪录片中我们看到了一种没有解说、没有采访,拍摄者绝不介入的独特拍摄方式,后来我们将这种拍摄方式称为"直接电影"。这种拍摄方式最大的好处就是能够带给观众最大程度的真实感。由于只是摄像机的拍摄和记录,观看者会认为他们所见即为真实。在亲子娱乐节目中,为了追求这种真实感,借鉴了直接电影的拍摄方式,得到的效果是显而易见的。

在《爸爸去哪儿》中,我们看到了林志颖在儿子小 Kimi 睡着时自己却没有休息,而是向工作人员要来报纸,亲自为孩子糊窗户,然后又守在熟睡的孩子身旁为他赶蚊子。这种自发的真实举动一度感动了电视机前的很多观众。再比如,《爸爸回来了》当中,吴尊为女儿 neinei 洗澡的片段在引发了很多争议的同时,也最大程度地增强了这个节目的真实程度。甚至在深圳卫视《来吧孩子》中我们看到了直播产妇生产全过程的情节。虽然很多观众都对此做法抱怀疑态度,持保留意见,但是,这种直接记录的方式也真正为观众打开了一扇从没有打开过的真实的大门。当观众看到类似这样的情节时,首先想到的就是是否真实,"如果我遇到了这样的情况会怎样做",如果有了这样的反应那么也证明观众已经参与到了这个娱乐节目当中了,而这正是亲子娱乐节目期望产生的效果,产生这种效果的就是直接电影的纪录片拍摄方式。

除了直接电影之外,我们还能从亲子娱乐节目看到"真实电影"的身影。真实电影是和直接电影同时期出现于法国的纪录片拍摄方式。真实电影和直接电影的最大区别在于,直接电影的摄影机如"墙壁上的苍蝇"一样,一直旁观事情的发展,而真实电影则是试图促成非常事件的发生并主动参与到事件当中去。直接电影是旁观者,真实电影则充当了访问者、挑动者的角色。原因在于,真实电影的摄制者们认为要获得事物深层次的真实,拍摄者必须主动参与到事件的过程和环境中去。这种在新闻调查类型纪录片中经常采用的拍摄手法如今也被用在了亲子娱乐节目当中。在《爸爸去哪儿》中,我们首先看到了"村长",这个主导事件发生进程的主持人角色在整个节目当中显得尤为重要。通过"村长"我们看到了很多精彩的画面,比如,村长和孩子们一对一的问答,让我们看到了孩子们最本真、诚实又感人的一面,坐在监视器前的爸爸们听到孩子们的回答都红了眼眶,而坐在电视机屏幕前的观众也感同身受,落泪感慨者比比皆是。这种拍摄方式甚至让我们想到了《新闻联播》中记者走上街头随机采访"幸福是什么""什么是家风"这样的片段,这种拍摄方式就是真实电影的拍摄方式。而被视为真实电影的开端的纪录片《夏日纪事》就是以记者手持话筒走上街头的随机采访开始的。在《爸爸去哪儿》的最后一集中,我们还看到了爸爸亲自念出给孩子的一封信,这也成为整个节目最大的泪点。这种事先安排好的桥段,也是真实电影的拍摄手法,就好像我们预制了一颗催泪炸弹,并且在合适的时机引爆了。直接电影和真实电影这两种纪录片拍摄方式在《爸爸去哪儿》中贯穿始终并交替使用着,不断带给观众真实又亲近的观看体验。

其实,无论是直接电影的拍摄方式还是真实电影的拍摄方式都是为了使娱乐节目呈现出不同的新气象。编导们正是看到了观众对真实画面和情节的需求,才采用了纪录片的拍摄方式,使得纪录片这个略显精英和小众的电视片类型和其独有的拍摄方式在娱乐节目中也重新焕发了生机,找到了用武之地。这也充分证明,不同类型节目的拍摄方式并没有一定之规,我们都是在根据需要,按需所用,互相借鉴的。

三、我国娱乐节目的发展趋势

在日新月异的娱乐节目蓬勃发展的今天,人们早已不满足罐装笑声的出现,娱乐节目的功能也不仅仅只是博君一笑那么简单,面对日渐挑剔的观众们,作为电视娱乐节目的制作者们又将何去何从。

1.纪实风格的娱乐节目将持续

由于《爸爸去哪儿》在 2013 年的火爆,为延续其成功和热度,主办方投资拍摄了同主题电影,并在春节档上映,票房超过七亿。节目中的奶爸萌娃们在一年中频繁曝光于各种晚会、节目、走秀、访谈、广告等中,赚得盆满钵满。在大电影中,五位爸爸继续参演,并由其中一位明星爸爸——导演王岳伦亲自担当导演。节目衍生出众多的商业效益和媒体周边效应。如此成绩,不容忽视。而这些不得不归功于纪实的拍摄风格。所以,这种纪实的拍摄风格在 2014 年被湖南卫视的更多娱乐节目所运用,同在晚上十点档推出的《花儿与少年》就是一个极好的例证。湖南卫视显然并不满足于这种纪实的拍摄方式只是被运用在亲子娱乐节目中,于是就有了这个"老少配"——弟弟带着姐姐自助远行穷游的娱乐节目。节目组为了能够如实地展现明星们每一刻的真实状态,还特意出动了强大的海外摄制团队,来确保节目内容的真实呈现。甚至到了除了卫生间之外，全部安装摄像头 24 小时记录的地步。想来，这股纪实的娱乐风潮还要再猛烈地刮一阵。

2.娱乐节目拍摄方式将更为多元，纪录片的拍摄方式将被更多类型栏目所运用

纪录片是以真实著称的类型片，而人们对真实的渴求使得纪录片的拍摄方式正在逐步被各种类型的电视片和电视节目所应用。比如各种法制节目中将案件重演的方式也是借鉴了纪录片中真实再现（也叫作摆拍、搬演）的拍摄方式。观众在观看时知道是演员在扮演，也了解是复原事件，但是由于事件本身的真实，因此更适合用这种真实再现的方式来拍摄。而娱乐节目的拍摄方式也在不断发展和完善，我们有理由相信亲子娱乐节目只是管中窥豹，让我们拭目以待更为多元化的娱乐节目在电视屏幕上大放异彩。

结语

真实的纪录片拍摄方式在娱乐节目中的出现，摆拍的拍摄方式在法制节目中的出现，都预示着如今的电视节目不再只是单一体系、单一方式的制作，我们的电视节目需要多元化、多类型的杂糅和发展。与此同时，我们的纪录片节目也在不断加入娱乐的元素，使之变得更包容，更容易被广大观众接受，也更有助于节目本身的推广。严肃的纪实和活泼的娱乐可以结合得如此相得益彰，我们也许会很快看到新闻类节目和娱乐的混搭，访谈类节目融入了纪实元素，等等。所以，我们可以预见，融合才是电视节目的大势所趋。

〔赵雪桐，辽宁大学广播影视学院讲师〕

注释：

表格数据引用自 http://baike.baidu.com/subview/10889450/11296903.html。

概念引用来自 http://baike.baidu.com/view/10317.html。

在创新中探求时政新闻节目传播空间

——俄罗斯第一频道《时间》栏目发展研究

Creatively Exploring for the Communication Space of Current Affairs Television Programs

——A Study of the Development of *Time* on 1TV in Russia

◎ 赵嘉琦　杨凤娇

Zhao Jiaqi　Yang Fengjiao

摘要：俄罗斯第一频道的《时间》栏目是一档在俄罗斯家喻户晓的新闻资讯类节目，其自身的发展历程也印证着俄罗斯传媒业的变迁。在普京媒体改革的大背景下，在新媒体环境的冲击下，《时间》栏目跳脱出传统新闻播报的桎梏，在向新闻价值规律回归的同时，增强与观众的沟通与互动，探求时政新闻栏目更为广阔的传播空间。

关键词：俄罗斯第一频道，《时间》，时政新闻，创新

Abstract：Program *Time* on Russian 1TV is a well-known news program in Russia. The history of this program reflects the great changes of Russian media industry. Under the circumstance of media reform of Putin, as well as the massive impact of new media, *Time* is getting rid of the traditional way of broadcasting news, returning to the law of news value, strengthening the communication and interaction with the audience, in order to explore vast space of news program.

Keywords：1TV, *Time*, current affairs news, innovation

一、《时间》栏目的起源与发展

俄罗斯当前有数百家电视台，竞争极为激烈。俄罗斯第一频道是苏联最早出现的电视台，也是俄罗斯的第一大公共电视机构。作为俄罗斯的一个综合频道，第一频道与我国的中央电视台综合频道(CCTV1)地位类似。该频道的前身是苏联的中央电视台，经历苏联解体后的电视行业的分分合合[1]，于 2002 年 9 月，正式更名为俄罗斯第一频道。自此，该频道确立了俄罗斯电视行业头把交椅的地位。目前，第一频道的潜在

观众达到两亿人左右，频道覆盖面积约占俄罗斯总人口的98.8%。根据俄罗斯“国际俄罗斯传媒”2014年11月的数据，第一频道在首都圈的收视份额达到17.6%，居俄罗斯20大电视机构之首[2]。

时政新闻栏目《时间》(время)是第一频道的王牌栏目，于1968年1月1日开播。第一次真正成为全国性的电视栏目是1974年，该年度《时间》栏目两次独家直播红场阅兵和工人游行。在经历了1991年苏联解体后的短暂停播，以及1992年开始长达两年的更名期(更名为《新闻》栏目)之后，1994年12月，《时间》作为栏目的名称再次回归历史的舞台。自此，《时间》一直牢牢霸占21:00黄金时段。2002年、2006年、2007年《时间》三次获得俄罗斯电视艺术领域的最高奖项“太妃奖”(ТЭФИ)“最佳新闻节目”称号。据2014年4月10日第一频道官网的统计数据，有36.4%的第一频道观众选择收看《时间》栏目[3]。目前，《时间》栏目已经成为第一频道收视率最高的节目，并与前后节目相互带动，引领每日的收视高峰。

目前《时间》栏目有2个版本，分别是工作日版和周末版。由于其工作日版的形式与我国时政类新闻栏目结构相似，更具参考价值，因此本文主要以工作日版《时间》栏目为研究对象进行分析。

二、《时间》栏目革新的背景分析

20世纪90年代初苏联解体，俄罗斯的政治、经济、社会都经历了一场巨大的变革。在社会转型期中，俄罗斯的传媒行业也通过一场裂变，完成自我的变身与升级。普京执政以来，通过一系列政策和法令来打击寡头传媒的乱象，大力扶植国有媒体。同时，随着全媒体时代的到来，传统媒体也开始了自我调整与升级。在当代俄罗斯媒体改革背景下，面对来自新媒体的冲击，《时间》栏目也跳脱传统新闻播报的桎梏，试图找到适应俄罗斯社会现状的新型新闻播报方向。为了更好地理解《时间》栏目的革新思维，需先对普京的媒体战略以及当代俄罗斯新媒体的发展现状有一定认知。

1.普京媒体战略

普京执政以来，俄罗斯传媒业从后叶利钦时代的寡头把持，转变到当前国家、国有企业和独立经营三足分立的平衡局面。普京大众传媒理念的中心是，媒体是国家的服务者，只有正确定位自身位置，才能实现真正的媒体自由[4]。其中，普京通过以下几点，来完成对俄罗斯大众传媒的重塑。

首先，改变寡头把持传媒业的局面。此前，俄罗斯的媒体大部分由金融寡头和财团垄断。1991 年苏联解体以后,第一频道前身也开始商业化变身。由于政府财政困难,虽然形式上是政府持有的第一频道的前身——俄罗斯公共电视台,但它的实际控制权却在私人财团手中。1995 年,当时的俄罗斯最大的寡头之一鲍里斯·别列佐夫斯基联合三家银行,收购了该台 38% 的股份,成为最大股东[5],控制了该电视台。为了改变这一现状,普京上台后,将古辛斯基集团和别列佐夫斯基集团列为首要打击的传媒寡头。通过司法诉讼、国营企业兼并媒体事业等手段,普京重新夺回对媒体的控制权,两大媒体帝国坍塌,从一定程度上标志着俄罗斯寡头媒体制度的结束。

其次,大力发展国有媒体。在叶利钦执政末期,俄罗斯已经认识到发展国有媒体的重要性。2002 年 9 月 1 日,俄罗斯公共电视台正式更名为"第一频道"。国家也重新取得对第一频道的控制权,第一频道总裁也由俄罗斯总统任命。重组后该台的主要股份组成如下:俄罗斯国家资产管理委员会(38.9%),俄通社—塔斯社(9.1%),电视技术中心(14%),以上为国有企业所占的 51%,此外俄罗斯商业合作银行还占有 24% 的股份[6]。俄罗斯政府还成立了联邦出版、广播电视和大众传媒部,负责和管理俄罗斯的大众传媒行业。但是,政府仅仅管控传媒企业的舆论导向,企业的经营管理活动完全自理。在俄罗斯,政治对传媒起着决定性的作用,当然也有非强制性的一面;而大众传媒对政治的影响则具有非决定性,是能动的[7]。于是,在"可控民主"的前提下,俄罗斯大众传媒只要不触动国家政治安全利益,在追求自身经济利益的同时,充当好社会的引领者,输出正确的价值观,就能在国家允许的范围内拥有更大的生存与发展空间。

此外,普京还通过加强中央媒体对地方的辐射、抵制外国资本对传媒业的输入、修改《大众传媒法》、强调国家信息安全等手段,改善传媒行业的乱象,收复一度失控的传媒领域。

2.新媒体的冲击

目前,俄罗斯已经超越德国成为欧洲第一大互联网市场。2014 年 11 月,俄罗斯通讯与大众传媒部部长伊戈尔·肖格列夫在参加首届世界互联网大会时也表示要在两年内使俄罗斯互联网的覆盖率提升至世界第一位[8]。在俄罗斯,随着互联网平台应运而生的新媒体正在不断冲击着传统媒体的固有份额。

首先,俄罗斯的互联网正在迅速崛起。相较于欧美国家,俄罗斯的互联网起步较晚,20 世纪 90 年代,苏联才与互联网初步开始接触。然而,短短十余年之内,俄罗斯互联网开始井喷式发展,仅 2011 年在俄罗斯就注册了超过 350 个域名。2011 年 9 月起,俄罗斯的网民数量就超越德国,成为欧洲第一。

其次,俄罗斯本土化的社交网络也已成为公众生活不可分割的一部分。根据全球最大社会化媒体传播公司“We Are Social”《2014 年全球社会化媒体、数字移动业务数据》的统计数据显示,俄罗斯网民平均每日在线时间高达 4.8 小时,位居欧洲第一位[9]。截至 2014 年 11 月,俄罗斯本土最大的“联系网”(Vkontakte)已经拥有 2.8 亿注册用户。根据 eBizMBA 的数据,“联系网”已经成为世界第八大社交网站,东欧地区第一大社交网站。截至 2014 年 12 月,“联系网”每天的活跃用户超过 7000 万[10]。同时,俄罗斯社交网络用户的平均活跃时间也处于世界平均水平的 2 倍以上。根据“We Are Social”的年度报告,俄罗斯与意大利是欧洲社交网络最为活跃的国家,人们超过 40% 的上网时间用于社交媒体。由此可见,基于互联网平台的新媒体在俄罗斯已经拥有了适合其自身发展的生态环境。

除此以外,在俄罗斯,各种移动终端的普及率也在不断上升。2014 年,俄罗斯智能手机销售量达到 2600 万部,比 2013 年增长了 47%。据美国知名市场研究机构 eMarkter2014 年移动互联网数据报告显示,俄罗斯移动互联网普及率 2014 年已经达 80%,至 2017 年则有望增长至 86%;俄罗斯移动互联网用户人数也将从 2014 年的 6150 万增至 2017 年的 8810 万[11]。利用手机浏览新闻、观看节目已经成为俄罗斯年轻人的新习惯。人们可以通过分享、发送电子邮件以及 WIFI 直传等方式随时传播,扩大该媒体的影响力。

面对新媒体的冲击,多数传统媒体开始加速与新媒体的融合,包括第一频道在内的传统媒体也开始推出自己的移动 APP,在新媒体包围的市场环境下,开拓传统媒体的新疆土。同时,各大电视台由于拥有巨大的资源,微博客、播客网站上的视频传播也成为传统媒体巩固自身地位的手段。此外,国家政策保障也为新媒体与电视行业的融合保驾护航。根据《俄联邦 2009-2015 年广播电视行业发展规划》,国家总计为广播电视行业投入超过 1200 亿卢布的财政拨款。俄罗斯计划在 2011 至 2015 年间实现全国范围的数字广播电视普及,在 2015 年年底前全面实行电视广播的数字化。

三、栏目内容向新闻价值回归

在苏联时代,大众传媒身处统治阶级工具化的社会角色,大大抑制了大众文化的需求。苏联解体以后,由于寡头的把控,俄罗斯传媒开始大范围集中到大财团的手中,在各大寡头的圈地运动中,大众传媒成为大金融财团的附庸产物,俄罗斯的媒体更为倾向于大众文化,使得庸俗化趋势较为鲜明。普京上台以后,采取了一系列打击寡头传媒以及提升主流媒体影响力的做法,使得俄罗斯主流媒体在市场经济模式的引导下,在“可控的民主”的范畴中,找出了一条创新之路。

第一频道作为苏联时期最重要的电视频道,在较长一段时间内,《时间》栏目新闻播报的大量笔墨用在领导行程、会议报道等新闻报道之中。到了 90 年代中期,第一频道牢牢控制在寡头别列佐夫斯基手中,由于其与叶利钦的私交甚笃,在 1996 年大选中,当时的俄罗斯公共电视台(第一频道前身)为叶利钦的总统连任助力良多,《时间》栏目成为寡头政治代言的工具。1999 年普京上台肃清寡头,并促使俄罗斯新闻机构进行了多次的合并与转制,自此《时间》栏目开始跳脱出程式化新闻报道的桎梏,肩负起专业媒体的使命,向新闻本质回归,以时效性、内容丰富再一次赢得了俄罗斯观众的支持。

在对新闻本质回归的探索中,第一频道有如下几个特点:

1.新闻价值决定头条新闻

《时间》栏目在改版以后非常注重头条新闻的重要性。目前,该栏目将头条新闻视作自身的核心与支柱,试图通过对头条新闻选题的把控塑造栏目高品质、专业性的形象。通常情况下,《时间》栏目会将社会普遍关注的热点问题作为自身的头条。在 2014 年 9 月至 10 月期间,俄乌冲突正在不断升级,同时,欧盟也开始对俄罗斯进行第一波经济制裁,《时间》栏目将头条的大半壁江山献给俄乌冲突所带来的各种事件报道,从政治、经济、社会等各个角度全方位展现冲突现状。通过对 2014 年 9 月至 10 月每周一、三、五《时间》栏目的头条采样分析,我们可以发现,近七成的头条来自于俄乌冲突的相关热点新闻,其中选材多样,包括顿涅茨克地区最新进展、乌克兰总统大选、欧盟因乌克兰问题对俄的经济制裁,覆盖了政治、社会、经济多个范畴。

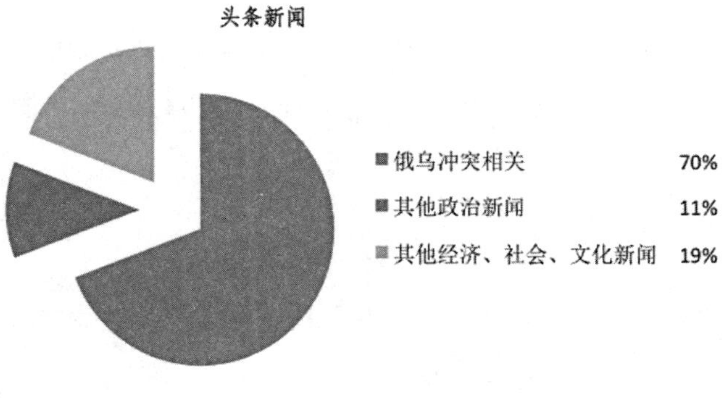

同时,《时间》栏目的头条经常会与第二、第三条新闻形成呼应效应。2014 年索契冬奥会时,第一频道经常将俄罗斯民众关注的热点项目的新闻报道组成当日头条,随

后的第二、第三条新闻仍旧是与之有关的新闻报道，如冠军运动员采访、专家评述等。《时间》头条报道当中也大量涉及社会民生，会选取观众最喜爱、关注度最高的新闻作为当日头条。例如，2014 年 10 月 8 日，俄罗斯一位文化名人去世，《时间》栏目就将其作为当日的头条，并没有选择普京亲临建设中的跨海大桥的报道。但是，该栏目也不会排除重要的会议新闻，而是根据新闻的内容，以及受关注的程度进行合理选取。例如，俄罗斯国家杜马开会当天，如果没有爆炸性的热点新闻，《时间》栏目也会选择会议报道作为当天的头条。作为国家级的新闻节目，对播报新闻“度”的把握，是《时间》选择头条新闻时的重中之重。

2.充分运用现场报道

现场感是视频载体给电视新闻带来的独特魅力，使之与报纸、广播等媒介有了质的区别。近年来，《时间》栏目大量采用现场报道的形式，让记者深入事件发生的第一现场为观众带来权威消息。2014 年马航客机在乌克兰境内坠毁，外界怀疑是被俄罗斯支持的乌克兰东部势力发射的火箭弹所击中。于是，在 2014 年 11 月 11 日，《时间》在对第三方“欧洲安全与合作组织”（OSCE）进入乌克兰进行调研的报道中，大量采用独家的现场调研画面。记者深入坠机现场，在残骸腹地进行现场报道，近距离分析坠机金属残骸，并带来对现场民众的采访。《时间》栏目通过自身独有的优势，成为全球获悉马航在乌克兰境内坠机事件报道的珍贵渠道，仅在中国便获得了包括 CCTV4 在内的电视媒体，以及爱奇艺在内的网络媒体的大量转载，进一步扩大了自身的影响力。在《时间》栏目中，记者的身影出现在任何可能出现的地方。

近两年来，第一频道还经常使用直升机报道。例如，在报道作为莫斯科沉疴旧疾的交通拥堵问题中，栏目记者跟随直升机在莫斯科上空进行现场报道，带领观众直击下班高峰的莫斯科主要道路的拥堵状况，使得观众拥有一个全局性的广阔视野，了解事件的真相。另外，《时间》栏目会议新闻的现场报道也更加多样化，不局限于会场之内的镜头和人物的特写，还会提供一些幕后花絮。例如，2014 年 12 月 21 日对新成立的“俄罗斯航天局”的报道中，除了当日总理会议画面的运用，还有当日普京和梅德韦杰夫在克里姆林宫办公室私下交谈磋商的场景，拉近了观众与严肃新闻之间的距离，也使得会议新闻更具可看性。

3.评论模式灵活多样

与中国一样，俄罗斯也处于社会转型期，仅仅提供新闻事实层面的信息已难以满足受众对问题根源、实质等内容的深层需求，《时间》栏目针对这一点，引入了多样化的新闻点评模式。由于节目时间限制,点评内容大多短小精悍,但在重大事件发生时,该节目经常会推出系列新闻评述。此外,《时间》栏目还会根据社会热点事件,推出不定期的针对性短评,并配合动画以及网络语言,做到说理性与趣味性相结合。例如,2014 年 9 月 12 日关于欧盟对于俄罗斯的第一波制裁的报道中,该栏目从得与失两个角度邀请金融领域的两位专家进行了相应评述,并且邀请相关专家对于此后的制裁形式进行预测。同时,还以 3D 动画图表的形式,形象地阐明了此次制裁对于俄罗斯各大银行的影响,通过形象化数据,让复杂的金融数字"活"起来。

另外,针对观众对于点评主体多元化的需求,考虑到自身节目时长的局限,《时间》栏目还开辟了一档新的衍生节目——《时间证明一切》(время покажет),该节目会对热点新闻报道进行点评,并通过辩论的形式展示观点,嘉宾包括目击者、专家、记者、演员、普通人等,在这个平台上,观众可以通过不同角度的分析,获得对于问题、事件更为全面的认知。

从《时间》栏目我们可以看出,新闻报道的形式再怎么变化,都不能背离新闻传播规律。任何新闻节目的改版与升级,只能是更尊重新闻规律,更客观公正。在彻底铲除寡头新闻模式后的新俄罗斯,其电视业正在一步步摆脱大众低俗文化的束缚,跳脱出全盘西化的阴影,走上一条符合俄罗斯国情的回归与创新之路。而第一频道的《时间》栏目,通过对新闻本质的回归以及创新的思维与方式的探索,获得了新闻节目改版的成功。

四、栏目形象的立体化转变

苏联解体之初,由于社会各界全方位西化的影响,传媒行业对于西方媒体也采取门户大开的政策,西方的传媒公司通过收购、控股等模式,从传播工具、报道方式甚至价值观等方方面面对俄罗斯的大众传媒施加着自身的影响力。于是,俄罗斯传媒遭遇了极为严重的西方文化入侵,西方传媒在对俄民众加强影响的同时,俄罗斯传媒自身的对外影响力也在不断降低。普京上台以后,大力度扶持国有媒体,希望重塑俄罗斯大众传媒的国际影响力,包括第一频道在内的国有媒体,在资金、政策等因素的扶植之下,焕发了新的生机。近两年,《时间》栏目从栏目标识的不断革新,到信息维度的不断扩展,再加上与新媒体更为紧密的联系,其中每一个变化都体现着该栏目的创新思维。该栏目正试图以一种崭新的,符合新闻发展方向的方式,贴近时代的脉搏,发展时政新闻的空间。

1.栏目标识不断更新

《时间》栏目的节目标识经历了数十次改变，从平面化到立体化，从静态到动态，从二维到三维，无论是配乐的调整，还是标识配色的改变，都可以看出第一频道《时间》栏目敢于变革、勇于创新的决心。

在节目创办之初，《时间》栏目标识仅仅是一个静态卫星发射信号加上俄语单词“时间”的首字母“B”。1975 年，《时间》栏目首次引入圆形倒计时。80 年代初，《时间，向前》这首配乐第一次出现，同时，该配乐也成为《时间》栏目沿袭时间最长，也最为著名的配乐。90 年代，栏目的片头不断向现代化、简约化靠近。2000 年开始，倒计时时钟由圆形改为方形，并在 2008 年成为高清频道以后首次采用 3D 形式的标识与动画，以此推动《时间》栏目片头的又一重大变革。

从《时间》栏目不断更新的标识以及片头可以看出，该节目既有对优秀传统的传承，例如，一以贯之的配乐《时间，向前》，以及对地球、卫星、倒计时等元素的不断使用；同时，也体现出大跨度改变的决心：该节目每一个版本的标识与前一版都有较大的变化，无论是配色还是动画设计，他们都勇于放弃、敢于改变，并一步步更加贴合大众对于新闻节目清晰化、简约化的诉求。

2.全景技术拓宽信息维度

全景技术是同时显示比人眼视角范围大得多的场景，因此，能提供更丰富的信息及感官刺激，具有普通视角所无法比拟的研究和应用价值[12]。首先，《时间》栏目从演播室的设计上，采取全景式的新闻演播室呈现方式，片头结束后，通过摇臂给予透明演播室一个全景化的呈现，使得观众在节目的一开始就对其形成专业化、现代化、立体化的印象。其次，在节目内容方面，该栏目也采取全景化新闻报道模式，不仅注重报道形式、视角以及规模上的广度和深度，还整合包括网络媒体在内的社会化媒体资源，注重与受众的互动，体现新闻节目的动态报道形式。制作者从传播者本位的角度向受众本位过度，以信息流动的方式进行新闻传播，语态亲民、朴实，营造一种对等的传受关系。总之，通过全景技术，从空间维度、时间维度，让观众建立一种鸟瞰式的对事件的立体认知。

3.主动融合社交平台

据俄罗斯社会舆论基金会 2014 年 4 月的统计数据，俄罗斯日均上网人次已经超过 5 亿。俄罗斯也同全世界各地一样，进入了全媒体时代。面对不可小觑的新兴媒体的冲击,《时间》栏目充分利用社交媒体,将触角伸向较少观看时政新闻的年轻人。在传统电视媒体的优势逐渐消退的互联网时代,第一频道选择更为开放的态度,与社交网络主动进行合作。在俄罗斯最大的社交网站"联系网"上,《时间》栏目拥有自己的公共页面,拥有近 40 万的关注者,主页由专人运营并实时上传热点新闻内容。用户可以在此公共页面上,对节目形式、内容以及创新性等方面的问题给出自己的意见。同时,在俄罗斯精英网民更加偏爱的 Twitter 平台上,"第一频道新闻"这个公共账号已经拥有了 21.4 万名关注者,公共号实时推送各类独家视频信息,并带上相应热门标签(hash tag),通过用户的转发,冲击热门话题。同时,在每条 Twitter 的最后会以超链接的形式,推送第一频道官网上的相关新闻报道,在新媒体平台获取热度的同时,推广自身平台,增加点击量。在索契冬奥会期间,第一频道的主播们纷纷换上冬奥会吉祥物的服装,在 Twitter 上与观众进行互动,改变了时政新闻主播严肃的固有印象,通过新媒体平台打破隔阂,大大拉近了与观众的距离。

综上所述,在普京媒体改革的背景之下,《时间》作为俄罗斯老牌新闻栏目,主动进行自我调整。在栏目内容方面,进一步向新闻价值回归;在栏目形象方面,也推崇清晰化、简约化原则,并从技术、平台等层面促进栏目形象的立体化转变。面对互联网时代冲击下传统电视媒体优势不断缩减的现状,第一频道主动出击,用更为开放的态度和理念与社交网络进行合作。《时间》栏目通过自身不断创新,改变观众对于电视时政新闻的刻板印象,试图为时政新闻节目拓展更为宽广的传播空间。

注释:

1.1991 年俄罗斯中央电视台被奥斯坦金诺电视台取代,成为奥斯坦金诺 1 台,此后,又于 1995 年 4 月改组,成立了俄罗斯公共电视台(OPT)。

2.http://mediainrussia.com/telekanaly-i-tv-reytingi.

3.第一频道官网统计数据:http://www.1tv.ru/news/about/256272。

4.刘蓉蓉:《普京新闻传媒理念评析》,外交学院 2007 年硕士论文。

5.http://www.broadcasting.ru/newstext.php? news_id=71698.

6.刘笑盈:《转轨中的俄罗斯第一频道》,《对外传播》2009 年第 12 期,第 55-56 页。

7.靳会新:《大众传媒在俄罗斯政治生活中的作用》,《俄罗斯中亚东欧研究》2013 年第 6 期,第 24-32 页。

8.http://news.xinhuanet.com/politics/2014-11/19/c_1113321838.htm.

9.http://wearesocial.net/tag/russia/.

10. http://www.ebizmba.com/articles/social-networking-websites.

11. http://www.tadviser.ru/index.php/Статьи:Смартфоны_(рынок_России).

12. 刘瑞:《数字传媒技术对新闻节目形态的影响》,南京艺术学院 2013 年硕士论文。

〔赵嘉琦,中国传媒大学 2013 级国际新闻学研究生;
杨凤娇,中国传媒大学新闻传播学部教授〕

媒介前沿

微信赋予电视农业频道的新平台及功能分析　赵淑萍　杨　弘

从新旧媒体议程设置关系的变化谈传统媒体转型之路　孟　群　谢　莎

新型主流媒体的内涵及打造路径　陈国权

微信赋予电视农业频道的新平台及功能分析

Building of All Media Platform for Agriculture Channel in Wechat Era

◎ 赵淑萍　杨　弘

Zhao Shuping　Yang Hong

摘要：微信的普及应用为我国电视农业频道创新发展提供了一个新的机遇。我们看到，今天的电视媒体正在进入与新媒体融合的新阶段，农业频道能否与移动新媒体成功嫁接，将成为农业频道在新一轮创新发展中的关键因素。本文通过梳理农业频道微信平台的运营状况与创新经验，分析目前存在的问题，进一步探索农业频道搭建微信新媒体平台的趋向及应对策略。

关键词：微信，农业频道，新平台，新功能

Abstract: The popularization and application of WeChat have provided a new opportunity to the innovation and development of the agriculture television channel in China. As we know, present TV media is entering a new stage of combination with the new media. The success of such combination is the key factor in the development of agricultural channel in a new round of innovation. With the review of operation status and innovation experiences of agricultural channel's WeChat platform, this article will analyse the existing problems, explore the trend and coping strategies to establish WeChat new media platform for the agricultural channel.

Keywords: WeChat, agricultural channel , new platform, new functions

媒介融合的概念始于20世纪80年代的美国，在媒介融合全球化发展的态势下，我国的媒介融合的内涵与形式也有了很大改变，主要原因在于互联网的迅速发展。特别是通过微信平台，一种亲近观众、收集反馈、聚拢粉丝的新型互动关系正在形成。“移动互联网是传统电视构建生态圈的重点。微信公众平台是迄今为止最有价值的移动传播平台，是移动互联网的‘超级入口’，打通了人们的生活圈、工作圈和社交圈，其‘病毒’式传播能量超乎想象。”[1]

一、农业频道微信平台的基本形态与用户基础

长期以来，电视是农民群众获取信息的主要渠道，智能终端的出现与普及给电视

媒体又提供了一个与受众频繁互动的契机。今天,我国农业频道开始借力移动智能终端拓展电视新平台,将与观众互动交流的阵地从微博转到微信,微信平台本身已经成为一个轻量级的 App。

(一) 农业频道与微信嫁接的基本形态

目前,国内多数农业频道都以母频道为依托开通了官方微信。从目前开发的功能特点分析,农业频道与微信嫁接可以分为三类:

1.具有相对完善的平台功能。不仅有每日信息推送还有日常受众互动,以及电视视频播放、商业盈利等功能;

2.具有不够完善的平台功能。有每日信息推送及相关互动功能,但还没有商业盈利等功能;

3.不具有平台意义上的功能。只有单纯节目信息推送,没有日常受众互动、商业盈利等功能。

以上三种与微信嫁接的形式,说明农业频道对微信这一新的工具进行了积极利用,拓展了传播范围,提高了传播效能。笔者对我国 8 个农业频道对微信的应用进行了梳理,目前有三个频道已经具备了基本的平台功能,四个频道还不够完善,一个频道没有开通。

表 1 全国农业频道开通微信平台状况

频道名称	频道级别	覆盖范围	是否开通微信	是否具有新型平台功能
中央电视台七套农业频道	上星频道	全国有线无线双覆盖	开通	不完善
湖北电视台垄上频道	地面频道	省内全覆盖	开通	不完善
陕西农林卫视	上星频道	覆盖全国部分省市和农村	开通	不完善
河南新农村频道	地面频道	省内 18 个县市,55 个县全覆盖	开通	比较完善
浙江公共新农村频道	地面频道	省内覆盖	未开通	未开通
山东农科频道	地面频道	省内有线无线双覆盖	开通	不完善
河北农民频道	地面频道	省内有线无线双覆盖	开通	比较完善
吉林乡村频道	地面频道	省内覆盖	开通	比较完善

过去,农业频道传播由于专业频道的特殊性,在节目类型、传播范围、功能拓展等方面有一定局限,如今在微信面前,使用门槛一律平等。湖北电视台的垄上频道提出让微信成为集信息发布、交流互动、内容聚合、实时终端融合于一体的平台,促动农业

信息多屏发布，并在发布渠道之间的交叉组合中拓展新的盈利形式，做到“线上线下”同时为用户服务，满足用户对内容的多元性要求以及个性化需求。

为三农服务是我国电视农业频道的基本定位，因此农业频道的节目内容不但要丰富多样还要具有实用性。在推进农业现代化和新农村建设的进程中，农业频道搭建微信平台，拓展了一条更好地为三农服务的创新路径。农业电视频道如果能在微信平台中以农民用户为核心，保持农业特色，充分发挥平台优势，就可以在媒介融合的环境中“顺势而为”，实现农业频道的附加价值。

(二)农业频道微信平台的用户基础

农民是农业频道的主要受众，也是个特殊的用户群体，农民群体与其他群体相比，对媒介使用的要求相对简单。电视声画合一，能够向农民传达直观、形象的信息，有利于农村观众对于农业技术及相关知识的学习掌握，因此电视一向是农民群众了解外界信息的主要渠道。

随着农村城市化、信息化的发展，农民使用智能手机的人数在上升，成为移动互联网的用户群体。2014 年发布的《2013 年中国农村互联网发展调查报告》指出，农村网民的手机上网比例已经超出了城镇网民，截至 2013 年 12 月，农村网民使用手机上网比例已经达到了 84.6%，高出城镇 5 个百分点。[2](见图 1)

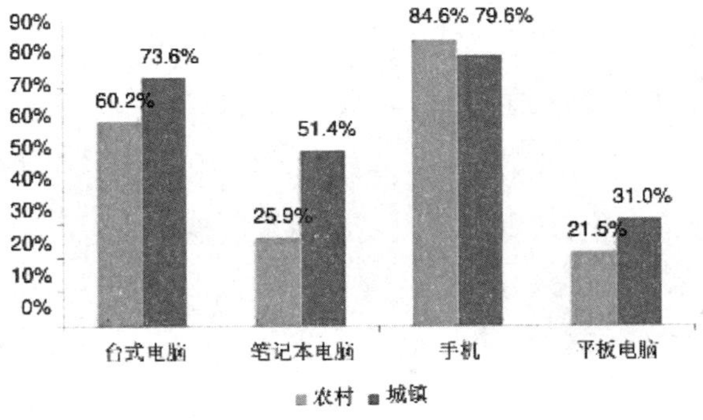

图 1　城镇与农村上网设备对比[3]

农民对新媒体的接触与运用在不断增大，电视与手机已经成为农民获取信息的两个最主要窗口，农业频道微信平台的搭建恰恰契合了农民对新媒介的使用习惯。农民通过微信平台，可以第一时间了解相关农业信息，不出家门就可以学到新知识与新技术，拓宽了农民与外界沟通的信息获取渠道。互联网和手机的普及也为农民提供了更多的社会交往机会。农民通过移动工具，打破了农业地区的交往格局，极大地拓展了农村传统意义上社会的空间范围。新媒体衍生出来的新应用也在一定程度上改变了农村居民传统的消费观念,延伸了农民的经济活动范围。截至 2013 年 12 月,农村网民网络购物使用率为 31. 1%,比上年增加了 2. 1 个百分点,用户规模为 5465 万,增加了 970 万人,年增长 21. 5%。[4]

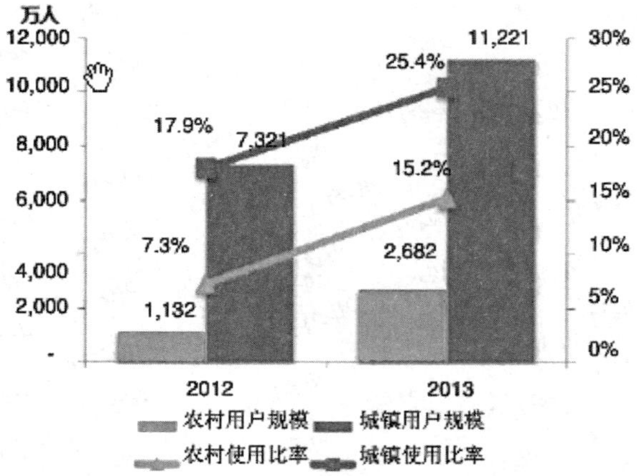

图 2　农村与城镇网民团购使用情况[5]

团购也成为促使农村网民增速最快的购物方式,而手机作为农民主要的上网工具,使团购与手机端进一步融合,使得网购向移动服务方向发展。以此来看,农业频道在微信中与微商联合,设立"农产品"的在线购买则顺应了农村的经济生活的需要。一方面,农民成为直接受益者;另一方面,农民也可以利用微信获得最新的农产品市场信息,提升农产品在市场中的竞争力,推动农业经济的发展。同时用"微信屏"来拓宽与提升"电视屏"的内容,并借此提升用户对农业频道的关注。可以说,农业频道的微信新平台对推广农业信息化,培育新型农民以及发展现代农村都具有重大意义。

二、农业频道微信平台的运行及功能拓展

事实上,微信已经成为农业频道内容输出的第二平台。从传播的属性来看,电视单向性的传播决定了它擅长表现事件的过程而弱于互动。微信能将 QQ、微博、手机通讯录等插件功能集于一体,融合了内容与社交的微信将使传播平台变得更为集中。

(一)信息+服务:内容拓展新平台

麦克卢汉在《理解媒介》中说:"媒介的交叉或混合,如同分裂或融合一样,能释放出巨大的能量。"[6]微信与电视农业频道结合,印证了麦克卢汉的观点。"2014 年腾讯

网媒体高峰论坛上，披露了微信公众号文章阅读数与分享的前几名，分别是情感、养生、政法、疾病病理、烹饪、企业管理和旅游等内容，这表明用户往往有自己的兴趣点，其审美旨趣往往脱离公共空间，而指向了私人空间。”[7]

农业频道微信平台的信息发布需要凸显出“信息+服务”传播结构，需要在紧贴电视内容的同时提供内容之外的信息。例如，湖北省垄上频道微信平台“微服务”菜单下的“致富经”板块就与三农信息服务网链接，利用网页的农业信息扩展了朋友圈的内容空间，丰富了微信发布的内容。另外该菜单下的“我要买/卖”板块，针对用户信息需求打出“陇上君帮你找买/卖家”的口号，定期更新湖北省的相关农产品的“求购信息”与“出售信息”，为农民用户提供农产品交流平台的便民服务。

（二）社区+话题：创新互动新平台

农业频道微信平台设置话题的主要作用是：及时跟进用户对电视节目的关注；巧用微信“社区”与观众积极互动的同时引导舆论走向；在社区中发布话题激发用户与电视之间的交流的欲望；使闭合的形态变为开放可参与的电视形态；其创新性在于“把用户视为积极的创造者，而不是与创新毫无联系的被动消费者”[8]。

在农业频道的微信社区中，用户既可以看到官方在社区内的更新，又可以随时随地在社区内发个人状态，相互评论。相比微博话题来说，这种社区话题讨论更有聚合性，因为用户都是主动添加微信，用户之间存在的某些相似性更有利于微社区中讨论氛围的营造。例如，河南新农村频道就在微信中“十分精彩”菜单下开设“逗号社区”，用户可以发任何话题并可以对他人的话题点赞、评论、转发，因为大家都是河南新农村频道的粉丝，地缘上和心理上的相似性让话题交流有了共通性，使群体交流变得更紧密更亲切。

（三）活动+热点：宣传造势新平台

在某种程度上，微信平台已经具备了 App 的功能，它突破了电视的时间、空间限制，让电视传播更加移动化、多元化、碎片化。

随着 4G 技术的普及，通过移动终端推送动画、视频等内容形式也成为常态，这意味着用户“看电视”不再是单纯地静态观看，而是边玩微信边看电视或是直接用微信看电视节目，也就是说用户在“看电视”这一活动中的选择逐渐增多。如果微信平台不能即时推送与用户需求密切结合的热点信息，那么微信推送是否会被用户点击收看就很难说。所以，在农业频道的微信平台中，不仅需要用短小精悍的精彩视频、HM5

等新花样来吸引用户眼球,更需要在内容上下功夫,结合时事热点,制造出主题鲜明、互动新颖的独家活动,激发用户的参与欲望。湖北省垄上频道微信平台将"抢红包"这个热点作为用户与电视之间的主要互动手段,微信用户只需在收看垄上频道的特定时间内对准电视机"摇一摇",即可进入抢红包的互动模式,用户抢到红包之后并将页面分享到朋友圈,之后页面会再次显示出下一次抢红包的时间,用户在边玩边看中就提升了对该频道的关注度。河南新农村频道将看电视与平日用户生活中常用到的出行 App"滴滴打车"相联系,用户在微信中抢到的红包可以用在滴滴打车中,将"看电视、玩电视"获得的实惠落实到用户的日常生活中,这其实也是利用媒体贴近受众、服务受众、留住观众的好方法。

(四)农产+微商:产品交易新平台

农业频道微信社区可以利用用户与各方之间的纽带关系开通微商板块,农产品广告可以在电视屏、电脑屏、手机屏里进行多屏传播,还可以借助微信朋友圈进行快速分享,用户看到心仪的产品后就可以在线支付,完成购买农产品的交易。

这种消费行为让电视和商家之间有了新互动,用户的"看"与"买"发生融合,电视、用户、商家之间的距离也开始缩短。一方面,微商平台为农产品商家开通了电视之外的商业渠道;另一方面,农业电视也通过在微商中做抢购、团购等活动,顺势而为地将用户拉至微信社区中,为农业频道开启"微信养粉"的模式。

目前,多数农业频道都是利用"摇一摇"的形式建立起电视与微商的关系,利用"摇一摇"与农业商品绑定,用户在看电视的时候只需在规定的时间摇一摇,就有机会抢到微商提供的商品优惠券,这等于为用户做了商品品牌的隐形诱导。

另一种更直接的微商形式是在微信平台中开辟农产品销售板块,用户如逛淘宝一般逛微商,并且可以随时点击购买喜爱的农产品。吉林乡村频道的"低价团购"就将当地特色农产品放到微信平台售卖,用户可以边看电视边挑选农产品,省钱又省事,这相当于提供了一个农产品的交易平台,连接了卖家与买家。

三、农业频道微信平台的现存问题分析

(一)先天信息化程度低的困境

随着手机的性能和无线互联网技术的发展,微信作为移动平台的优势也得到更大程度的释放。在这个背景下,农业频道也纷纷调整创新思路,运用官方网站、微博、微

信、二维码拓宽电视向手机传播的通道。不过，归根到底微信平台的发展还是需要借助移动互联网的力量。尽管我国从 2013 年 8 月份开始就陆续推行“宽带中国”“宽带下乡”等政策，中国移动、中国电信、中国联通三家网络运营商也加快了进入农村市场的速度，但是实现农村“户户都有网上”还有一定距离。其原因在于农村地区的自身环境“先天不足”导致了“两低两高”的困境，“两低”指人均收入低，用户密度较低，“两高”指移动网络建设成本高，后期维护费用高，这些因素都阻碍了运营商在部分农村地区的发展。

另外值得注意的一点是，即使网络和移动热点在农村得到普及，农民微信的使用率也有待提高。因为相比城市地区，农村比较偏远，农村用户对外界信息接触比较少，农民还没有充分意识到通过互联网获取有效农业信息的重要性，多数农民仅仅把智能手机作为通讯工具或娱乐的工具。《2013 年中国农村互联网发展调查报告》分析：“网络音乐、网络视频和网络游戏依然是农村网民上网的主要应用，分别占农村网民上网使用率的 66.9%，55%，46.7%。”[9] 可见，农村网民还没有养成主动用移动终端去浏览农业新闻、查阅农业信息资料的习惯。图 3 截取了 2014 年 12 月发布于网络上的农民工使用微信情况的调查与分析，展示了农民工很少接触微信的主要原因。

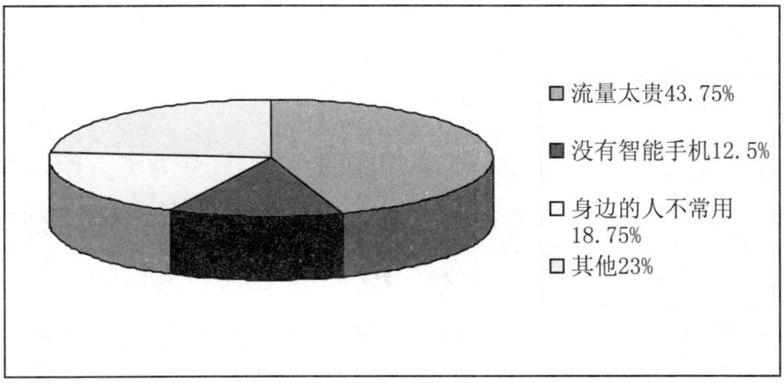

图 3　农民工少用、不用微信情况原因统计图[10]

农业频道的目标用户具有特殊性，一是农村地区的移动互联网覆盖程度有限，二是农民的生活水平和受教育程度较低，使得微信在农村的使用率还比较低。因此，农业频道微信平台搭建应该为减少这种不对称而努力。解决的途径是：移动媒体运营商加大在农村的覆盖率，同时推出适合农民日常使用的流量套餐；另一方面，提高农民的新媒介素养和新媒体使用能力。

(二)惯性思维与脱离用户的矛盾

目前农业频道打造微信平台还存在的一个问题是,微信内容的运营与农业生产脱节比较明显。主要原因有两个:一是微信平台搭建定位模糊,农业频道与都市频道风格混淆,导致用都市频道思维运营农业频道微信平台。国内主要农业频道覆盖区域大都是在全省范围内,农业频道的收视群体中不仅有农民也有城市居民,但都市频道和农业频道是完全不同性质的频道,都市频道的受众目标是城市居民,内容风格也更加城市化、时尚化,农业频道微信平台必须明确以为"农民、农村、农业"服务为目标,而不能用都市频道的套路来运营农业频道的微信平台。

另外一个造成与农业实践脱节的原因是,目前多数农业频道从业人员都是高校毕业生,绝大多数人都没有任何农业生产活动的经验,农村生产生活信息又有强烈的地域特征和季节性,这个特殊性对平台运营人员的要求较高。如果平台运营者缺乏农业实践,很容易导致脱离农民、脱离实际、脱离生产的"对牛弹琴"式的传播。

所以说,农业频道微信运营人员不仅要用新媒体思维来做微信平台,同时也应该不断积累农业电视节目的经验,多了解相关农业知识,并经常深入农村,多和农民打交道,了解农民用户的需求。

(三)流于形式导致用户黏度差

微信朋友圈、社区、摇一摇、扫一扫等功能的设计,都是为了方便社交互动。在移动互联网时代,微信已不仅是一个即时通信工具,它还承载了人与人之间的社会关系,也培养了微信用户与用户、用户与运营平台之间的关系。如吉林乡村频道开设的"乡村社区"以及"我爆料"板块,用户可以在线留言交流,也可以用上传的方式交流。湖北省垄上频道的"小垄君"微信交流群,让兴趣爱好相同的用户一起交流。这些做法可以说都是积极的努力,但是这些交流互动的方式都未形成固定机制,也没有相应的激励措施,用户互动变得可有可无。久而久之,受众会对微信平台交流失去兴趣。解决这个问题可以借鉴央视体育频道中采用的交流方式,即设立"签到有礼"板块,用户每天签到就可以收到官方账号的信息推送,并且能获得相应积分,签到天数越多,获得的积分也就越高,只要攒够足够积分就可以到积分商城抢购商品,以此来激发用户参与的积极性。对于商品提供商来说,这也是打广告的好机会,"签到"模式是一石二鸟之计,既绑定了用户又推销了广告。

在未来的电视微信平台打造中,还应注意用户的媒介使用习惯,根据农民喜好来创新交流形式。《2013 年中国农村互联网发展调查报告》指出,农村地区区别于城市的一个最大特点是,农民依然保持着在家中收看电视的习惯,也就是说在农村地区一家人在一起看电视的场景还很常见,那么未来的微信平台就应注意开辟以家庭为场景的用户互动。另外,大多数农民使用智能手机的主要爱好是视频、音乐、游戏这三大类,这一现象带给我们的启示是,微信平台应打破时间、空间的局限,结合农民的兴趣爱好来进行互动设计,突破已有的爆料、投票、摇一摇等微信互动形式,为电视观众和手机用户提供新一代互动体验,并完善日常的互动运营机制,通过线上活动、线下实惠来刺激用户参与互动的积极性。

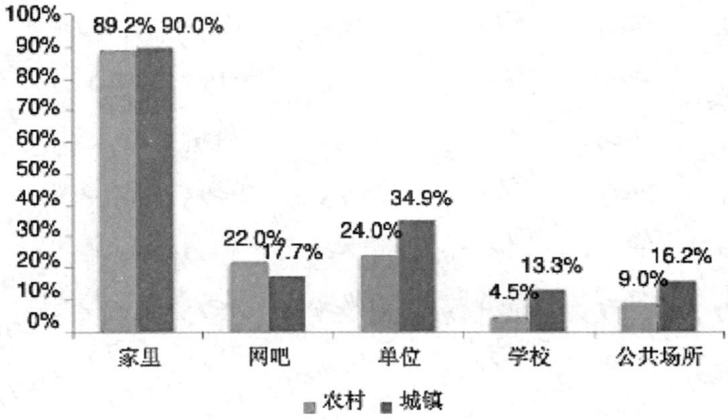

图 4　农村与城镇网民上网地点比较[11]

(四)引发过度的商业化倾向

由于低门槛和方便快捷地进行实时通信的优势,让微信有了传统媒体梦寐以求的庞大用户群。农业频道开设微信号,让微信作为频道发布信息的第二平台取得一定成效。"微商"的加入又让微信平台拥有了商业性质。由于农业频道微信平台中商业广告成本低,可以让用户边看边买,在线上就可以完成支付,所以吸引了众多商家的眼球,在一定程度上引发了过度的商业化倾向。

值得注意的是,微信本身只是个社交工具而非商业平台,更重要的是,微信作为农业频道交流互动平台,在某种程度上还承载着电视媒体"传递信息、引导舆论、监督环境"的功能。对于农业频道来说,微商还是一个比较新的事物,整个商业环境还缺乏统一的运营管理,特别是各种微商的产品鱼龙混杂,质量参差不齐,这也对传统电视媒体的权威形象产生一定影响。所以,农业频道搭建微信平台时用什么样的方式来平衡社会责任属性和商业属性,维护电视媒体的公信力就变得尤为重要。

微商平台可以多请农业专家做商品质量把关,保证出现在农业节目与平台中产品的质量。另一方面,由单纯的电视与微商结合转为电视与微商一体,打造电商平台,实现看买融合,让电视媒体先替用户"把关"商品的质量,让用户在观看电视节目时就可以购买农业节目中的同款农产品,并进一步将线上购物模式标准化,提高用户线上线下的购物体验,实现微信平台的 O2O 服务。

结语

毋庸置疑,农业频道微信平台缩小了农民与电视双向流动的限制,加快了农业信息发布的及时性和延续性,创新了农民生产与消费结构。

在一定意义上,农业频道搭建微信平台赋予了传统电视媒体诸多新的功能。归纳起来,已经呈现出来的新功能有:在线互动功能、信息推送功能、将观众转化为用户功能、更实用的服务功能、更加直接的反馈功能、多样的盈利功能等。

可以预料,随着对媒体融合的创新途径的探索,微信作为一种新媒体工具,与农业频道嫁接后将带来更多的新功能。

注释:

1.范顺事:《全媒体视野下,传统电视平台的模式重构》,http://www.mediacircle.cn/?p=11682&utm_source=tuicool,2014 年 9 月 11 日。

2.3.4.5.智库文档:《2013 年农村互联网发展调查报告》,http://doc.mbalib.com/view/59903596c9c3dfc9a5550c7aa76cbcc6.html ,2014 年 10 月 19 日。

6.[英]丹尼斯·麦奎尔、斯文·温德尔:《大众传播模式论》,祝建华、武伟译,上海译文出版社 1987 年版。

7.王鑫:《微信官方数据披露:什么样的文章最受欢迎》,http://tech. qq. com/a/20141230/007569.htm2011,2014 年 12 月 30 日。

8.任锦鸾:《创新机理——以媒体行业为例》,科学出版社 2011 年版,第 76 页。

9.智库文档:《2013 年农村互联网发展调查报告》,http://doc. mbalib. com/view/59903596c9c3dfc9a5550c7aa76cbcc6.html,2014 年 10 月 19 日。

10.许棉植:《农民工使用微信情况的调查分析》, http://doc. mbalib. com/view/59903596c9c3dfc9a5550c7aa76cbcc6.html ,2014 年 12 月 18 日。

11.智库文档:《2013 年农村互联网发展调查报告》, http://doc. mbalib. com/view/59903596c9c3dfc9a5550c7aa76cbcc6.html,2014 年 10 月 19 日。

〔赵淑萍,中国传媒大学新闻传播学部教授;杨弘,中国传媒大学电视新闻学硕士研究生〕

从新旧媒体议程设置关系的变化谈传统媒体转型之路

Talking about the Transformation of Traditional Media According to Changes on Old and New Media Agenda-setting Relationship

◎孟 群 谢 莎

Meng Qun Xie Sha

摘要:从1972年被提出至今,"议程设置"理论已有30余年的发展历程。作为经典的大众传播理论,它解释了大众传媒影响受众认知的"秘诀",并与李普曼的"拟态环境"一起,说明了受众所感知的"世界"其实是媒介"把关"的结果。传播理论的发展离不开传播环境的变化。正因如此,在新媒体时代到来的今天,我们重新审视以议程设置理论为代表的经典传播理论时不难发现,越来越多的理论发生了改变。因此,我们需要探究这些理论发生变化的路径,并对传播活动进行指导。本文即从媒介融合的背景出发,探讨议程设置理论的变化,为处于"消亡论"中的传统媒体找出发展之路。

关键词:议程设置,传统媒体,新媒体,网民议程

Abstract: Agenda-setting theory has developed a lot in more than 30 years since raised in 1972. As one of the classic theories of mass communication, it explains why mass media can impact the audience. And it also illustrates the world in audience's eyes is a result of gatekeeping with the help of Walter Lippmann's pseudo-environment theory. The development of communication theories is bound up with the changes of communication environment. Therefore, in the new media age, there is no difficulty to find out that many classic mass theories has been changed. We need to explore the trajectory of the changes to guide our communication activities. In the background of media convergence, the paper aims at finding the way to recovery for traditional media, which is considered as a dying thing, by discussing the changes of agenda-setting theory.

Keywords: agenda-setting, traditional media, new media, netizens agenda

一、议程设置理论概述

(一)李普曼的“引子”

议程设置理论作为大众传播的经典理论,在20世纪70年代便由美国传播学家麦库姆斯和肖提出。其实在更早之前,李普曼就对大众传播和社会环境的关系进行了深入思考。李普曼认为,大众生活在由媒介所创造的经过选择的环境中,并非真实环境。但由于媒介报道的作用,让大众沉醉其中,深以为自己在媒介上所接触到的信息便等同于真实的世界,就仿佛某人并没有去过纽约,但是通过电视和报纸的宣传,此人会认为自己对纽约非常熟悉。在他早期的评论写作之中,零星提及了这些想法。

1956年在《公共舆论》一书中,李普曼正式提出了“拟态环境”的观点。所谓“拟态环境”也就是我们所说的信息环境,它并不是现实世界“镜子”式的再现,而是传播媒介通过对象征事件或者信息进行选择和加工,重新加以结构化以后向人们展示的环境[1]。从中不难看出李普曼对大众媒介传播行为的担忧,同时我们也可以看到“议程设置”理论的影子藏匿其中。媒介通过对信息进行层层把关与过滤(具体的标准是什么暂且不提),从无数事件中挑选出了他们最希望大众看到的新闻,自动为大众屏蔽了一部分世界,将其注意力集中到极少的事实当中。

(二)查珀系尔研究

李普曼提出了“拟态功能”和“刻板印象”两个理论,他将研究重点放在大众传播媒介所带来的负面影响之中,但这丝毫不影响我们对契合“议程设置”的相关理论的探讨。1968年美国总统选举期间,麦库姆斯和肖对北卡罗来纳州查珀系尔的选举进行了研究。他们通过抽样调查和内容分析对当时选民所关心的话题和大众媒介报道的议题进行了比较,发现二者之间存在极高的相似度与关联性。

1972年,他们将该研究报告以《大众传播媒介的议程功能》为题发表出来,“议程设置”理论正式被提出:“大众传播具有一种为公众设置‘议事日程’的功能,传媒的新闻报道为信息传达活动,以赋予各种‘议题’不同程度的显著性的方式,影响着人们对周围世界‘大事’的重要性认知及其判断。”[2] 在传播学理论中,议程设置是对“有限效果论”的否定,它强调大众传媒对受众具有有效的影响力。

(三)从当前媒介环境出发

任何传播理论的提出必然有着特定的传播环境。理论即是对当时传播现象的思考和研究,正如麦库姆斯和肖对总统选举现象的关注,它反映了大众传播媒介在信息传播中的主导地位以及受众仍然处于被传播的地位的事实。结合当时的美国媒介发展环境来看,20 世纪 60-70 年代,互联网还没有兴起,《60 分钟》等新闻节目报道了肯尼迪总统遇刺、阿波罗登月等重大事件,电视和报纸成为受众信息获取的主要来源。因此该理论适用于当时及之后很长一段时间内的新闻现象。

而在互联网技术普及之后,媒介环境发生了巨大变化。以中国为例,“1997 年,《人民日报》、新华社等一批主流媒体开通网站,带来中国媒体上网第一波热潮”。[3] 尽管这一阶段处于萌芽期,但也预示了媒体发展的方向和未来。Web2.0 时代来临之后,传受关系发生了质的变化。上述传播环境的变化让我们开始重新审视传统媒体在议程设置中的地位以及其影响力的变化。

为此,我们将以传播环境——主要是新媒体的发展阶段为背景,将“议程设置”理论的发展分为三个阶段,并探讨每一阶段中传统媒体所处的地位。最后,在对当前媒介发展的思考中,试图从一片“传统媒体必死”的喧嚣声中,探讨传统媒体发展的可能。

二、电视、报纸等媒体主导议程设置的时代

这里提及的“主导”并非绝对控制之意。大众传播效果早已从早期“魔弹论”衍生开来,几种主要受众观,如作为社会群体的受众、作为市场的受众以及作为权利主体的受众等已经注意到了受众在新闻传播活动中并非处于被动的地位。但从整个传播过程来看,电视、报纸确实在议题设置上具有“主导权”。

(一)大众传播时代中电视和报纸的议程设置影响力

19 世纪 30 年代,大众报刊的出现标志着大众传播时代的到来。印刷技术的发展使得即使生活在最底层的人都能拿出一分钱买到廉价的报纸并获取社会最新资讯。可以说,对“大众”这个广泛受众群体的拥有,是媒体产生广大影响力的根源。同时,大众媒体凭借着专业的机构和专业的工作者进行着信息生产和传播活动。这些特征奠定了媒体所传播信息的重要性。

尽管“议程设置”理论于1972年被提出,在大众传播时代到来的早期,报纸已经体现了他们在为受众设置议题这方面的“强大力量”。以最引人瞩目的黄色新闻时代为例,普利策在《纽约世界报》周末版上刻画的“黄孩子”这一角色,吸引着读者每周都要看看黄孩子又在纽约的哪条巷子发生了什么事,其竞争对手赫斯特更甚,利用《纽约日报》挑起了美国和古巴的战争。此类事件在新闻传播史上并不少见。从大众传播效果而言,“议程设置”理论被归为“宏观效果”一类。笔者认为,“议程设置”理论适应于具体事件的报道中,并且可以从对具体事件的报道和媒体风格定位这两个“短期”和“中长期”的角度来对该理论进行分析和研究。

(二)这一阶段议程设置的几个关系

以Web2.0时代的到来为划分标志,可通过以下几对关系来了解这一阶段媒体是如何进行议程设置的。

1.传统媒体之间的议程设置关系

(1)主流媒体为其他媒体设置议程

这一关系主要从媒介的权威性和影响力上进行讨论。在我国,所谓“主流媒体”,更多意味着政治上具有较大影响力的媒体,复旦大学的周胜林教授从政治角度对其进行界定,即“主流媒体是相对于非主流媒体而言的,影响力大、起主导作用、能够代表或左右舆论的省级以上媒体,称为主流媒体,主要是指中央、各省市区党委机关报和中央、各省市区广播电台、电视台,以及其他一些大报大台”[4],如《人民日报》、新华社、中央电视台、中央人民广播电台等媒体。这类媒体从“政策导向”“舆论与舆情”等方面对全国其他媒体发挥着“议程设置”的作用,尤其是地方电视台和地方日报,比较突出的事件有“非典”报道、“汶川地震”直播、“奥运会”报道等重大突发事件或者媒介事件。

(2)大型都市报为其他城市报纸设置议程

与主流媒体偏向于关注政治不同,都市类报纸侧重于关注社会民生新闻,教育、医疗、住房、食品安全等问题是这类报纸的内容。地方性的都市报大多刊登与本地相关的民生新闻,但在一些大事件的报道上,他们会选择向具有较大影响的都市类报纸看齐,如《南方都市报》《东方早报》《北京晚报》《潇湘晨报》等。代表性事件:2008年9月11日,上海《东方早报》记者简光洲的报道《甘肃14名婴儿疑喝三鹿奶粉致肾病》被各地都市报转载,广播电视台也纷纷转载报道,引起了受众的极大关注。

同时,报纸、广播和电视之间存在相互设置议程的现象。在信息传播上,这三种媒体各有其特点。但不管是以何种方式进行传播,内容上存在着"相互喂食"的现象。

2.传统媒体为网络媒体设置议程

1998 年,德拉吉在网站上关于克林顿与莱温斯基丑闻的报道掀起了新闻界的大风暴。这并非因为其内容的轰动性,而是由身处互联网中的德拉吉个人为整个美国新闻界设置的议题。有学者以此次事件作为公民新闻时代到来的标志。中国互联网发展较为缓慢,当时尚未出现任何"互联网杰作"。在网络媒体发展的早期,报纸多以网络版的形式出现,且网站尚不具备采编力量,传统媒体为网络媒体设置着议程。这与广播在发展早期与报纸的关系颇为相似。

3.媒体议程影响公众议程

前面提前,从传受关系的角度来看,新闻传播活动的普遍现象仍旧是你播/写,我看/读。虽然电视、报纸等媒体已经非常注重受众的反馈,但受众要及时或者实时反馈还存在着周期长、渠道少(写信或通话)等诸多困难,因此媒体为受众设置着议程。

(三)Web2.0 时代到来之前的思考

Web2.0 到来之前,网络媒体已经存在诸如博客、播客以及 BBS 等早期的社交媒体。2006 年魔兽世界的"铜须门"事件便是社交媒体事件发酵的标志之一。尽管这一时期网络进入还存在技术门槛,但有的网民已经可以进行新闻事件的发布、评论、互动等活动。也在 2006 年,第 16 届中国新闻奖首次设立了网络新闻奖。官方对网络新闻传播活动的认可意义非凡。

网络的诸多发展让人开始对传统媒体的传播活动进行反思。就"议程设置"而言,传统媒体自上而下的单一议题设置模式显然开始受到挑战。同时,在谁为媒介设置议程这个问题上,信息控制的问题受到关注。受众被大众传媒的信息选取圈层排除在外,显然没有丝毫控制权。除了政治、经济等宏观控制因素,媒介机构本身也是极其重要的把关人。网络社会的发展开始凸显受众的重要性,因此,我们也不得不对议程设置理论做新的思考,同时面临严峻挑战的,还有传统媒体的发展问题。

三、新媒体环境下议程设置的变化

2009 年被称为"微博元年",以这一年为标志,传统媒体和新媒体在议题设置的关系上开始发生变化。许多学者针对传播环境的变化存在疑问:网络传播时代下,议程设置理论是否还会存在? 就连麦克姆斯本人都表示,“因为有了因特网,人们可以创造‘自己的日报’。因此,一些评论家说议程设置将终结”[5]。对此问题,笔者认为,理论的提出虽有其特定背景,但遇到新的传播环境时,我们应该将实践注入理论之中使其更加丰富与完善而非抛弃。在新环境下研究议程设置理论的变化,实则是对传统媒体与新媒体关系的考察与审视。

(一)Web2.0 时代的网民议程设置

Web2.0 技术的发展满足了网民之间交流、沟通以及互动等一系列需要。如果说之前人们只是在网络上看新闻,那么 Web2.0 时代,人人即记者。喻国明教授认为,“作为一个新的传播技术,Web2.0 以个性化、去中心化和信息自主权为其三个主要特征,给了人们一种极大的自主权”[6]。最引人关注的社交媒体非微博莫属。

社交化媒体的发展让网民开始集体狂欢,即时性消息的发送与实时互动等优势明显,网民开始将自己身边发生的大小事情发布在网上。当然,当某一事件引起大家广泛关注并评论时,这一事件就进入了议程设置的范围内。只是与以往不同,这一次议程设置的主角,是网民。

互联网信息发布中“把关人”的概念逐渐弱化甚至已经不受重视(除非涉及某些底线)。网民具有对自己信息发布的控制权以及对别人信息的评论权,这使得他们将之前不被报纸和电视纳入信息选择系统内的议题发出来,并在海量信息中选择关注感兴趣的信息。拥有了信息自主权的网民,积极参与到对社会议题的讨论中来。这样,新的议程设置形式就产生了:网民议程设置。

(二)传统媒体在“消亡声”中迷失

对传统媒体而言,其权威性正经历着极大的挑战。这一时期,网民意见受到空前重视,传统媒体发展遇到新的问题:如何处理与网络媒体的关系。在社交媒体强劲发展的几年里,传统媒体处于迷失状态。以报纸为例,2005 年被很多人看成是中国传统报业的“拐点”,报业由此进入冬天。如果说报纸因其新闻发行周期过长以及单一的信息表现形式被受众所抛弃,那可以进行直播并且声画双线传输的电视是具有优势的。但在可以实时发送文字图片视频等多媒体信息的网络时代,不论报纸和电视,都进入了寒冬。这一阶段,传统媒体开始迷失,而最明显的表现,即跟在新媒体身后“觅食”,报道着网络中的议题。

江西宜黄拆迁事件是网民议程设置的典型案例之一。2010 年 9 月 10 日,钟如九一家遭遇强制拆迁并引发了自焚事件。随后的两场微博直播轰动网络,钟如九姐妹在遭遇干部追堵时,将其遭遇发在了微博上。自焚、抢尸、围堵等字眼刺激了网友的神经,在微博上迅速引起讨论和关注。舆论的力量快速推进了事件的解决,而传统媒体只能进行事件整合与评论。与宜黄事件一样,微博中的"郭美美"事件、"三亚宰客"事件无一不是网民设置议题,传统媒体跟进报道的。

在主导议题的争夺战中,传统媒体处于下风。在新媒体的信息轰炸中,报纸和电视度过了一段迷失岁月。2013 年 8 月 22 日,薄熙来一案在济南市中级人民法院进行公开审判,济南中院对此采取了全程微博直播的方式。在网民看来有趣而媒体人看来心酸的一幕发生了:凤凰卫视主持人杨舒边刷微博边进行电视直播。有人说这一刻,微博被载入新闻史册。果不其然,凤凰卫视这一举动又引起了"传统媒体会不会消亡"的讨论。

(三)对新媒体环境下议程设置新特征的思考

从上述论述中可以总结出,新媒体环境下,议程设置的发展出现了一些新特征。第一是议程设置的主体发生变化。除了提及的网民,许多门户网站也在建立着自己的采编团队。2012 年,国家给各新闻网站记者颁发了记者证,这意味着他们将利用网络的优势开始自己的议程设置之路。第二是议题范围拓展,打破了许多传统媒体。民生的、个人的、负面的等被传统媒体拒之门外的议题在互联网空间里被传播着,并且十分贴近民意。第三是议题转换频率快。由于新媒体即时发布信息的特点,大量信息不断涌入,缩短了议题的设置周期。第四,议程设置路径发生变化:网民设置议程→因为舆论关注→传统媒体跟进报道→政府出面解决问题。可以看出,网络除了为传统媒体设置议程,还间接为政府设置议程。

将这些新特征与"消亡论"结合起来,分析传统媒体将何去何从,具有重要意义。诚然,我们十分肯定网络议程设置所带来的积极意义,它促使公众参与到社会事务的管理中来,极大发挥了自主性。这是网络媒体的巨大优势。对传统媒体来讲,受众潜力被挖掘真的是莫大的威胁吗?多元化的议题是否让报纸和电视害怕?议题替换频率过快是一件好事吗?

所有这些问题,都需要理性思考。只有这样,传统媒体才能从寒冬中走出,寻找到属于自己的春天。

四、重新出发:新旧媒体的“愉快合作”

怀着对上述问题的思考,我们应该积极探索传统媒体的发展之路。这正是媒介融合环境下需要有的自信和勇气。保罗·莱文森的“补偿性媒介”理论认为,任何一种后继的媒介都是对过去的某一种媒介或某一种先天不足的功能的补救和补偿[7]。这位持技术论学者很好地说明了新旧媒体的关系。那么,既然莱文森使用“补偿”而非“取代”,这说明传统媒体必然存在着新媒体无法取代的特质。结合前一部分的问题,我们作一些探讨。

(一)审视:传统媒体能做什么

在分析新媒体议程设置的新特点时,有这样一些问题值得我们思考和关注。

首先,报纸和电视应该重新审视受众在新闻传播中的地位,对其定位应该经历“接受者→发布者→接受者”的变化。其中第一个“接受者”是被动的、原子式的、陌生的。而第二个“接受者”则是在经历社交媒体快速发展阶段之后,传统媒体充分了解受众喜好、阅读需求与习惯、信息获取渠道等信息后的新型“接受者”,他们是个性化的、分众的、需要得到好产品的受众。

其次,多元的议题反映了社会矛盾和受众的关注点。虽然有许多话题在新媒体到来之前,传统媒体并不涉及,但是经过对新媒体中网民关注话题的了解,传统媒体可以更加精准地了解这些议题所具备的属性,同时进行内容定位,使得媒体报道的议题属性与受众所期待的议题属性相契合,赢得受众的青睐并产生好的传播效果。

最后,新媒体环境下,议题变换频率过快存在着巨大的问题——烂尾新闻的出现。网民的注意力被海量信息分散,昨天还在关注马航事件,明天就去关注文章出轨。注意力转换极快,不可避免地导致了网络中出现大量的烂尾新闻。在2014年十大烂尾新闻中,如“河南夫妻半夜被抛墓地,家被强拆”“麦当劳供应商使用过期肉”等新闻在标题和内容上十分震撼,符合新媒体的传播语境,若要追问结果则有困难。因为下一波议题又向网友“袭来”,令人目不暇接。对此,传统媒体的优势完全可以发挥出来,让专业的记者进行跟进式采访和报道,或以视频新闻或以深度报道等形式来向公众还原真相,扫清烂尾。

同时,新媒体中议程设置的碎片化等也令人关注,如何理清思路做事实报道与专业报道,还应由传统媒体完成。

对议程设置新特征中存在的不足之处进行分析,并非要将新媒体与传统媒体对立起来,而是要强调,在媒介融合的浪潮下,传统媒体还有哪些优势,可以坚守并且帮助其能更好地完成转型之路。这也是“补偿性媒介”的意义之一。

(二)发力:从2015年“两会”报道看传统媒体大作为

2014年,习近平总书记在“8·18”讲话中提及“媒介融合”应具备“互联网思维”。这对于处于转型期的传统媒体来说,具有重要的指导意义。经历了“迷茫期”的传统媒体,在面对互联网的莫大挑战时,确实应该走出一条充满自信的融合之路。报纸和电视台的积极转型,能够让传统媒体重新掌握许多议题的“首发报道权”,同时,与新媒体形成良性互动,共同发展。

在2015年“两会”报道中,不少纸媒蓄势待发,打了一场漂亮的“战役”。此次“两会”中,《人民日报》采用“中央厨房”的融合报道形式,集内容采集、产品生产和统筹推广于一体,并将内容产品“推销”给各大网站以及全球媒体,真正发挥了“大编辑部”的作用。同时,中央厨房还制定了三个不同阶段的时间波段,即一快二全三深。如3月4日前线记者发出快讯《习近平:两岸文化交流大有文章可做》,后台编辑整理编辑,实现全网首发。半小时后,发出第二篇文章《习近平对台讲话十大精彩语录》,之后再发出深度报道《习近平对台讲话彰显五个“心”》,将精彩语录与“两会”讲话做了深度梳理。整个“两会”报道期间,《人民日报》推出了118个全媒体产品,其中有35条政治局常委消息是全网首发,充分发挥了传统媒体在议程设置中的主动性。《光明日报》也充分进行了融媒体探索,用生动形象的“小明”来报道“两会”,引起受众关注。《新京报》则更加注重新闻时效性,3月5日,在政府工作报告结束后的第7秒,首发题为《总理亲自将“有权不可任性”写进报告》的报道,2分钟后各大门户网站推送该报道。同时,“两会”期间,新浪、搜狐、网易等各大门户网站要闻区每天至少有两篇稿件转载自《新京报》。这些纸媒发力的共同点在于充分利用了多媒体的报道形式并且分析用户的阅读需求,进行稿件写作与推送,多次为新媒体设置议程。

这些媒体在“两会”上的作为让我们看到了传统媒体不再被动地报道议题,而是会积极主动地进行新闻报道,并与新媒体平台形成良性融合与互动。其中,传统媒体显然注意到了受众所期待的议题的属性,或生动或有趣地进行新闻传播。同时,也积极分析受众的“导向需求”,站在受众立场,关注与其切实相关的环保、改革等议题,并将抽象概念具体化,取得了良好的传播效果。

不难看出,传统媒体已经开始积极的行动。在议程设置关系中,一片“消亡声”中坚挺过来的传统媒体，经历了“传统媒体主导议题设置”“新媒体为传统媒体设置议题”与“新旧媒体互设议题”三个阶段。似乎看起来议题设置的“权力”又被传统媒体握在手中，然而对传统媒体而言，真正发生变化的是这三个方面：第一是对受众的重新认识和细分了解；第二是具有“危机意识”和“融合意识”；第三是经过反思走出迷茫期，看到了传统媒体的优势所在，走上了主动转型之路。不论转型结果如何，转型本身即产生了意义。

注释：

1.郭庆光：《传播学教程》，中国人民大学出版社1999年版，第126页。

2.郭庆光：《传播学教程》，中国人民大学出版社1999年版，第214页。

3.彭兰：《从网络媒体到网络社会——中国互联网20年的渐进与扩张》，《新闻记者》2014年第4期。

4.周胜林：《论主流媒体》，《新闻知识》2001年第12期。

5.蔡雯、戴佳：《议程设置的历史、现状与未来——与麦克姆斯教授的对话》，《国际新闻界》2006年第2期。

6.刘畅：《网人合一·类像世界·体验经济——从web1.0到web3.0的启示》，《云南社会科学》2008年第2期。

7.秦州：《博客传播中的“补偿性”功能与意义探析》，《新闻界》2007年第6期。

〔孟群，中国传媒大学新闻传播学部教授；

谢莎，中国传媒大学新闻传播学部2014级广播电视学（新媒体传播）硕士研究生〕

新型主流媒体的内涵及打造路径

The Connotation and the Ways to Develop New Mainstream Media

◎ 陈国权

Chen Guoquan

摘要:8月18日,中央全面深化改革领导小组第四次会议审议通过了《关于推动传统媒体和新兴媒体融合发展的指导意见》。习近平强调,要着力打造一批形态多样、手段先进、具有竞争力的新型主流媒体,建成几家拥有强大实力和传播力、公信力、影响力的新型媒体集团。

新型主流媒体是当前对传媒转型的最顶层设计,也可以说是传媒转型的最终目标和诉求。本文对新兴主流媒体的内涵进行分析,提出形态多样的本质是分众化、手段先进的核心是内容建设、竞争力的基础是赢利能力三个观点,并在此基础上提出打造新型主流媒体的路径:媒介平台分众化;运用新媒体技术提高传播能力、扩大受众覆盖面、提高内容与受众的匹配性、培养媒体价值认同、构建影响力平台与赢利平台等。

关键词:新型主流媒体,形态多样,手段先进,竞争力

Abstract: The Party Group of Comprehensive and Deepening the Reform approved *The Instruction to Promote the Integrational Development of Traditional Media and New Media* at the forth conference on Aug 18. President Xi thought highly of building various new mainstream medias with advanced methods and competitiveness, and establishing new media groups with powerful transmissibility, credibility and influence.

New mainstream media is the top design for media transformation, and also the ultimate aim and appeal. This article analyzes the meaning of new mainstream media and gets three points: demassification is the essence of diversification, content construction is the core of advanced method and the basic of competitiveness is ability. Based on this, to develop new mainstream media is suggested: developing focus media platform; using new media technology to enhance communication, extend acceptable coverage, improve the matching of content and audiences, and cultivate media values; building platforms of influence and profit。

Keywords: new mainstream media, diversification, advanced methods, competitiveness

8月18日,中央全面深化改革领导小组第四次会议审议通过了《关于推动传统媒体和新兴媒体融合发展的指导意见》。习近平强调,要着力打造一批形态多样、手段先进、具有竞争力的新型主流媒体,建成几家拥有强大实力和传播力、公信力、影响力的新型媒体集团。这是当前对传媒转型的最顶层设计,也可以说是传媒转型的最终目标和诉求。

完善与发展中国特色社会主义制度,推进国家治理体系与治理能力现代化,这是时代的主题,而传播体系与传播能力现代化则是推进国家治理体系和治理能力现代化的重要途径。从这个角度来看,新型主流媒体是在当前传统媒体生存与发展遭遇困境的背景下提出的,是当前传统媒体转型的最高诉求;新型主流媒体更是在当前传统媒体影响力衰微,话语权受到新兴媒体巨大冲击的基础上,站在"巩固宣传思想文化阵地、壮大主流思想舆论"的诉求上提出来的,代表着传媒在国家治理体系中的角色与国家对于传媒发展的指向。

新型主流媒体有着非常丰富的内涵,明确新型主流媒体的内涵及构建路径,对于国家提高对内对外话语权、巩固壮大主流思想舆论,对于传媒转型的实践与媒介变革的实际,都有非常重要的价值和意义。

一、形态多样的本质是分众化

新型主流媒体的主要特征是形态多样,这是在当前新兴媒体蓬勃兴起、新兴媒介形态层出不穷,并对传统主流媒体造成冲击的背景下提出的。根据以前人们对主流媒体的看法,主流媒体一般是指各级党报党刊、电视台电台的新闻频率、中央主要新闻网站等。[1] 此后,都市类媒体出现,包括都市报晚报、电视台的都市频道等,由于其大众化、贴近性,追求传播主流价值,而被称为"新主流媒体"。[2]

新型主流媒体则完全脱开了体制的界限,着重的是其传播能力的高低和是否传播主流价值。着眼于增强信息生产和服务能力,更好地传播党和政府声音,更好地满足人民群众的信息需求,要求占领信息传播的制高点。在此前提下,新型主流媒体既可以是由传统媒体发展而成,也可以来自新兴媒体,但其主要特征是在满足上述目标的前提下,即传播主流价值、主流意识形态,还需要拥有全方位的传播能力,首先表现为形态多样,拥有多种媒介形态。

以前的主流媒体,都是大众媒体,大部分是综合性的媒体。比如党报、电视台电台、中央新闻门户网站等。新型主流媒体应该是形态多样的媒介聚合体。一个传媒集团旗下拥有报纸、网站、手机报、移动客户端、微博微信、户外大屏等多种媒介终端,传媒集团通过整合旗下所有媒介终端的力量,形成舆论宣传的合力,进行全媒介形态立体化的传播,以此提高在新形势下的传播能力与竞争能力。

这样的实践,很多传媒集团早已在做,特别是各种为配合各级党委政府工作而进行的主题报道,为提高传播效果,利用传媒集团旗下的各种媒介形态,进行多渠道、全方位、立体式的传播。重大主题报道是传媒集团在新时期体现权威性、影响力的拳头产品。比如温州日报报业集团,近年来,围绕推进温州科学发展、转型发展的地方主题,策划推出"十问温州发展""十看温州发展"等系列报道,采用集团旗下多种媒介形态共同报道、共同发声的方式,大规模地打造主题报道声势,扩大主题报道影响力,取得了非常不错的效果。

但是,集团内媒介形态的多样仅仅是新型主流媒体的表征,形态多样的更深层次的内涵是媒介形态的分众化。

新时期,社会文化日趋多元,人们的信息需求也更加多元,新媒体的典型特征就是分众化,否则,新媒体也就无法在这个竞争对手众多、竞争手段先进的网络大平台上崭露头角。比如微信,是个集纳的大平台,在这个大平台上,活跃着 200 多万个微信公共账号。每一个公众账号就是一个"媒体",要想在这么多的"媒体"中出类拔萃,或者说被关注、加粉,这个账号就必须有自己的特点,以及不同于其他账号的特点和优势。

人们都有专门的兴趣偏向,会根据自己的需要,选择多个专业、细分账号加以关注,以满足自己与他人不同的需求。这些账号合起来,就形成了"我的媒体",是自己选择的媒体,是可以经常随着需求改变而删减或增加的"媒体"。

新型主流媒体内的子媒体,就不应该如以前一样以综合性媒体为主,而应该转型为以分众化、专业性的媒体为主的传媒集团。各个小的媒介共同发挥作用,整合力量进行宣传报道,一个个的微信公众账号、一个个子网站、一份份专业报刊共同助推新型主流媒体影响力、舆论能力、赢利能力的提高。新型主流媒体是个集体的概念,是由很多细分、专业化的媒体构建的大的传媒集团,这个传媒集团才是新型主流媒体。

比如都市报,以往的都市报满足的就是市民分化的信息需求,通过专刊及各个不同内容定位的版面满足各种分化的需求。但是在新媒介环境下,与新兴媒介形态的细分、精准相比,都市报的这种方式无异于巨大的浪费,代表的是落后的媒介生产力。新型主流媒体的一个重要特征就是旗下媒介形态的分众化。

2013 年下半年,《钱江晚报》推出微信矩阵,共有 20 多个子微信账号,从文艺演出到小孩升学,从心理测试到吃喝玩乐,覆盖生活的方方面面,累计吸附粉丝超过 40 万。

已有杭州吃货、ART一点、杭州地产、浙江名医馆、悠游天下、钱报TOWN、钱哥私募沙龙、好摄之友等10余个子账号订阅用户过万。《钱江晚报》微信矩阵对于报业转型来说,最核心的价值在于,它将本来是综合性的都市报用分众的方式搬到了微信上。微信上的公众账号,要想赢得人们的关注,它必须是垂直的,是细分到极致的,只针对人群中某一特别的需求。细分细分再细分,这是微信账号的主要特征,也是所有媒体在这个没有任何疆界的新媒体平台上取胜的关键。这些年,那么多报纸新闻网站、iPad终端失败的教训告诉我们:报业运作的新媒体,绝不能延续传统媒体综合性的特质,而应该向分众化的方向努力!

在现在的新兴媒介时代,面对全新的传媒竞争环境和竞争格局,以往那种综合性的,试图囊括所有人群的媒体无法满足也不可能满足所有人群的需求,必须变革。同样,新型主流媒体的架构特点也必须作出适应性的改变。

二、手段先进的核心是内容建设

形态多样属于渠道建设,只有提高内容质量,渠道建设才有价值。《关于推动传统媒体和新兴媒体融合发展的指导意见》强调,推动媒体融合发展,要将技术建设和内容建设摆在同等重要的位置。要顺应互联网传播移动化、社交化、视频化的趋势,积极运用大数据、云计算等新技术,发展移动客户端、手机网站等新应用新业态,不断提高技术研发水平,以新技术引领媒体融合发展、驱动媒体转型升级。同时,要适应新兴媒体传播特点,加强内容建设,创新采编流程,优化信息服务,以内容优势赢得发展优势。

打造新型主流媒体的核心,是更新报道理念、报道方式,也就是内容建设。只有当内容可听可用可接受时,媒体所构建的形态多样的平台才有价值,否则,建再多的渠道也于事无补。

传统主流媒体影响力减弱的主要原因并不是因为渠道不能被人们所接触,更大一部分原因在于传统主流媒体的内容缺乏吸引力。比如,关键时候不发声,在一些突发重大事件中,语焉不详、避实就虚、时效落后、过分“正面”,都已经成为传统主流媒体的典型特征。这样的内容理念,媒体影响力从何谈起呢?

长期以来,传统主流媒体作为最好管理的媒介形态一直受到严格的内容管理,“不要、不许、不让”,让传统主流媒体的内容在不容易管理的新媒体面前毫无竞争力。要改变这种局面,改革内容管理理念是打造新型主流媒体的前提。在此基础上,才能做到“手段先进”。

除此之外,“手段先进”还应包括以下两方面的内容:

一是利用新媒体技术提高传播能力,创新采编流程,优化信息服务,提高传播时效,提供更高质量、满足新时期人们需求的内容产品。传统主流媒体的数字化解决的是传播技术的问题,利用各种新媒体技术,如手机拍照、传稿,利用移动终端看版,使新闻先利用移动终端或数字大屏等新渠道先期到达受众,让受众在新闻发生的第一时间获得信息。

二是扩大传播覆盖面。新型主流媒体还应该扩大传播覆盖面,不能仅仅局限于机关干部,而应该面向最广泛的人民群众,通过扩大受众、扩大覆盖面来实现舆论引导。目前,处于多极、多媒体合围之中的传统主流媒体面临着严峻的竞争环境,如果传统主流媒体不注重内容和话语体系的创新,报道和评论不能被读者接受和信服,不能影响相当数量的主流读者,还能继续成为“主流”吗?主流,就应该是大多数,而不是少数,不是少数有点钱、有点权、有点闲的“三有”人群。

新兴媒体的勃兴,实际上为党和国家的舆论引导工作带来的是机遇,而不是危机。在以前,媒介不够发达,主流的价值观只在报纸、广播、电视上进行传播,广大的农民特别是贫困落后地区的农民、城市流动人口、进城务工经商人员等并不能够便捷地受到社会主义核心价值观的传播影响。现在,新兴媒体的勃兴使这些人群也拥有了与其他人群同样的媒介接受机会,由于新兴媒体的勃兴,“知沟”逐步缩小的过程实际上就是新型主流媒体发挥作用,将党的声音直接传播到这些群体中的机会。这是莫大的机遇。比如,新华社的农信通,利用在新媒体时代已经稍微落伍的手机彩信技术,将农民所需的信息及时便捷地传递给广大农民,同时,也将党的声音及时便捷地传播给农民。

在这样的碎片化时代,覆盖面的扩大不可能通过一种或少数几种媒体来实现,而应该构建起多元化的、形态多样的专业平台,每一个平台都面向特定的受众群体实现覆盖面扩大的目标。这是新型主流媒体在新时期的战略使命。

新媒体时代,要扩大传播覆盖面,还必须提高内容与受众的匹配性,也就是如何通过“先进手段”让内容找到对的读者,比如大数据技术,为用户量身定制内容等。此种做法的前提是提高内容与渠道的匹配性,也就是新型主流媒体的各种渠道应该匹配不同的内容。报纸、网站、手机报、户外大屏、微博微信、App 等,都应该有不同的内容展现。唯有如此,才能最大限度地扩大传播覆盖面,成为真正的“新主流”。

另外,解决内容的价值认同问题也是新型主流媒体获得广泛影响力的前提。媒体的价值理念,特别是以公信力为核心的价值观,始终是决定媒体的威信、地位、影响力和传播力的关键。近来中央相关文件也在强调新型主流媒体公信力建设的极端重要性。如何体现媒体公信力呢？媒体的报道理念、远景目标、品质追求，在重大事件和重大社会变迁中的态度和表现，最能体现公信力。

三、竞争力的基础是赢利能力

新型主流媒体出现的背景是：社会价值和利益诉求的多元化；网络等新兴媒体的出现，媒体竞争形式多样化；传统主流媒体在市场上竞争力逐渐减退；都市类媒体舆论引导作用相对缺失。在这样一个错综复杂的社会舆论环境和传播格局中，需要一种既具备舆论引导功能和潜力，又具有较强赢利能力的媒体集团。

“具有竞争力”，这个短语从字面上理解，应该是新型主流媒体的传播竞争力，但其本质则是建立在赢利能力基础上的。经济力量弱化往往导致引导力的弱化。主流媒体要成为主导社会舆论的强势媒体，才能真正有效地巩固党的执政地位，增强党的执政能力。因此，新型主流媒体更要以较好的经济效益为支撑，在此基础上，取得更好的社会效益。

当前的媒体同时追求两种效益，即经济效益和社会效益。《中共中央关于全面深化改革若干重大问题的决定》提出，要“推动文化企业跨地区、跨行业、跨所有制兼并重组，提高文化产业规模化、集约化、专业化水平”。媒体兼具意识形态属性和扩大再生产需求的商品属性，这两个基本属性不可偏废。做大做强经济实体，是更好地巩固舆论阵地的基础，只有做大做强经济实力，媒体才能够更好地发展，员工的利益才能够得到保证，才能提高媒体影响力，才能更好地服务于巩固舆论阵地这个最终诉求。

在以前，大部分的媒体都拥有足够的赢利能力，不仅能够养活自己，还能给国家上缴大量的利润。在更早的以前，媒体不需要有赢利的要求，国家以财政支付的方式养活媒体。

但是，在当前这种影响力不能及时变现的新媒介环境下，新型主流媒体的赢利能力已经不能够完全指望媒体的那些传统影响力平台，同时也不能指望媒体运作的新兴媒体形态为“新型主流媒体”提供全部的经济支撑，更应该由国家扶持支持，建立新的赢利平台，以再造赢利能力。否则，“新主流”的影响力与舆论能力都无法实现。

在这样的背景下，未来的传媒集团仍然是以媒体作为主业的集团，但是其赢利实现并不主要依靠媒体，而可能是其他的产业。应区分传媒转型的影响力平台和赢利平台。不同平台在传媒集团中的位置不同，所起的作用也不同。有些平台很难赢利，如微博、微信公众号、移动终端等新媒体形态,但其可以提高集团的影响力和品牌价值,或者可以为其他平台的影响力服务,为巩固宣传思想文化阵地的最终诉求服务。

新型主流媒体既然已经上升为国家战略,就应该有相应的扶持及支持方案方针出台。对于传统媒体而言,通过媒介融合打造新型主流媒体的目标任重道远。小打小闹,运作一个个的小新媒体项目尚且可以,但要真正形成影响力,要发挥它们应有的作用,不辜负党和国家寄予的“巩固宣传思想文化阵地、壮大主流思想舆论”的厚望,还应在体制、机制,特别是资金、政策上给予有力的扶持。

注释:

新华社“舆论引导有效性和影响力”课题组:《主流媒体判断标准和基本评价》,《中国记者》2004 年第 1 期。

陈寅:《新经济背景下的新主流媒体》,《中国报业》2005 年第 2 期。

〔陈国权,清华大学新闻与传播学院 2012 级博士研究生〕

新媒体评论

移动互联时代传媒产业的五项重构　　张　锐

微纪录片融资渠道创新之探究　　周　凯

煤矿工人自媒体使用情况调查
——以淮北市国营煤矿为例　　宋　词　高传智

移动互联时代传媒产业的五项重构

Five Reconstruct of the Media Industry in the Mobile Internet Era

◎ 张　锐

Zhang Rui

摘要：本文在移动互联网的背景下，分析了影响传媒产业的几项关键移动互联网技术，包括跨屏、大数据、云计算、物联网等，归纳了基于移动互联网的传媒产业的五项重构。

关键词：移动互联网，云计算，产业重构

Abstract: In the background of the development of the mobile Internet, this paper analyzes the influence of several key technologies of mobile Internet media industry, including multi- screen, big data, cloud computing, networking, mobile Internet etc., and then summarizes the five reconstruction of media industry based on the mobile Internet.

Keywords: the mobile Internet, cloud computing, industrial reconstruction

一、移动互联网的赋能技术

随着移动互联网的快速发展，传媒所依赖的技术环境出现了巨大的变革，从云、管、端的角度，即内容生产和存储的云化、传输渠道的互联网化、终端的智能化和多屏化方面发生了巨大变化。加拿大的罗伯特·洛根在《理解新媒介——延伸麦克卢汉》中，提出了赋能技术（enabling technologies）的概念，赋能技术使得新媒介成为可能[1]。影响新媒介的技术包括互联网和下一代互联网、移动互联网、下一代广播网、云计算和云媒体、大数据等。

（一）跨屏

“跨屏”，也就是“多屏”（multi-screen），始于与视频网站的“网台互动”。目前主要的屏幕是电视屏、PC屏、手机屏、平板屏和电影屏，未来还要加上可穿戴的屏。移动终端智能化以及4G网络的发展，为下一阶段移动应用的爆发奠定了基础。未来应用都将走

入多终端跨屏时代,一款应用同步发行在多个终端平台,并且数据互通,会使得用户的体验更加流畅。“跨屏联动”已经成为“三网融合”和“媒介融合”的重要切入点。

(二)大数据

从 2013 年开始,大数据(Big Data)成为热词,并应用到各个行业。大数据是继云计算、物联网之后 IT 产业又一次颠覆性的技术变革,被亚马逊前任首席科学家 Andreas Weigend 称作是“新的石油”。大数据将对传媒产业带来深刻的变革,包括行业生态、内容生产方式、内容的价值评判标准和商业模式等方面的变革。

2014 年全球的网络数据已经达到 30 艾字节(Exabytes,即 300 亿 GB)。未来 5 年,由于智能手机、平板电脑、可穿戴设备、视频以及物联网的大爆发,网络数据可能达到 300 艾字节(3000 亿 GB)。以视频为例,2014 年用户每月平均看 3 小时视频,而到 2019 年可达到 36 小时。到 2019 年,视频将占移动网络流量的 72%,而 2014 年这一比例仅为 55%[2]。

(三)云计算

第二次工业革命本质上是电带来的工业革命。100 年前最重要的变化,是电变成一个通用的公共事业,从而带动整个社会生产力向前发展。云计算,即在任何时候、任何地点,只要接上互联网,就可提供计算能力。云计算开始像电和石油一样,成为这个社会的基础服务设施。在云端储存数据的应用将占据大多数应用流量。2014 年,云端服务占移动数据流量的 81%。而到 2019 年,这一比例将提高至 90%。

在传媒领域,云计算的重要应用领域就是电影后期和动漫制作。2015 年春节期间的 3D 动画大片《熊出没之雪岭雄风》出自深圳华强集团,这家公司的核心竞争力是什么?无外乎大量的动画制作人员和重装备投入。动画靠的是创意,但更依赖设备的投入和资本投入。以渲染为例,在整个动漫变成电影过程中,最大的投入是渲染,就是把原始的画变成 3D 影像。一家动漫公司至少需要 1000 台以上的服务器,才能勉强做渲染工作。未来,以云计算等技术为先导,践行“文化+科技”的理念,有望成为动漫影视行业走出去的重要路径。

(四)物联网和可穿戴设备

移动互联网实现了人与信息的无缝连接,而物联网的发展将推动信息、人、物的连接,特别是车载智能平台、智能电视、智能家居,乃至 Google Glass 这样的可穿戴式智能设备,都有可能成为物联网的一部分。2015 年,不仅会有 75%的世界人口可以接触到互联网,而且还有 60 亿台设备可以接入互联网。

物联网使得真实世界与虚拟世界相融合,所有物品都变得智能化。腾讯公司马化腾认为,电子设备成为人体的延伸已经越来越明显。人和设备、设备和设备、人和服务之间都在建立连接。微信公众号就是人与服务建立连接的尝试。

(五) 虚拟现实和增强现实

虚拟现实(Virtual Reality, 简称 VR)和增强现实技术(Augmented Reality Technique,简称 AR)将是对传媒产业产生颠覆性影响的技术。

与之相关的增强现实电视(Augmented TV)已经出现,通过类似机顶盒的设备和可穿戴设备实现节目信息的多层立体呈现,未来的电视可能把观看者投射到一个环境中,从而置身和沉浸在节目内容之中;另外一个应用领域是电影,目前通过 Ocuplus 全景眼镜等可穿戴设备进行电影观看的研究正在进行,这对未来电影的影响也将是颠覆性的。

二、传媒的产业重构

(一) 传媒机构的“脱媒化”

传媒是典型的双边市场结构。传媒是中介和平台,一边是受众,一边是广告主,通过广告实现赢利。这种双边模式结构中,传媒的角色就是一个信息中介,所有的信息汇集到传媒这个中心点和平台,对信息经过筛选后,通过渠道分发到受众。

移动互联网对传统行业最大的改变就是“脱媒化”。脱媒(disintermediation)一词最早出现于金融领域,指金融非中介化,即在进行交易时,跳过所有中间人而直接在供需双方间进行[3]。

对于传媒来说,这种“脱媒化”最大的改变就是“信息中介”角色的弱化。当所有受众的信息都通过移动互联网终端随时随地获取时,传统媒体的中介价值迅速贬值,中心地位开始边缘化,报纸和电视等信息发布的延迟性开始不受人欢迎。

移动互联网所带来的技术变革和商业模式变革,使得整个传媒产业面临巨大的重构,促使一个全新的媒体形态形成。有一种可能,就是任何一个信息传播者,都有可能跳过所有中间环节,直接向海量信息接收者传播信息。

2015 年春节期间,柴静通过互联网推出纪录片《穹顶之下》,开创了自媒体视频传播的纪录。截至3月1日傍晚18点,在不到30小时的时间内,全网播放量已经超过1.5亿次,伴随视频热播的还有各类分析文章与网友评论,微博阅读量接近2亿次。这种自媒体视频的迅速传播就是电视台的“脱媒化”。

以广播媒体的“脱媒化”为例,广播作为音频媒体的主流媒体,正面临大变革。2014年,车联网技术逐步成熟,特斯拉等电动汽车开始走进我们的生活。宝马等国外大汽车厂商都成立了未来实验室,研究车载媒体和车联网技术。在深圳,车联网相关产业正在崛起,通过手机APP控制车载媒体的技术已经成熟。这些都预示着车载音频媒体将面临“脱媒化”。如果车联网普及,FM广播将丧失大部分车载媒体市场,尤其对地方广电来说,地面广播是主要的收入支柱,这将是继地面电视广告下滑后的又一大冲击。

(二)传媒内容的“产品化”

2014年,在传媒的内容领域,以影视为龙头的视听内容爆发式增长,随着知识产权的价值凸显,推动了以IP为核心的商业模式逐步形成。2014年湖南芒果TV推行内容独播战略,开启了传统电视商业模式的升级。电视台版权部门的重要性日益凸显,一些电视台开始尝试成立独立的版权部门。我们同时看到,商业视频网站自制节目增多、BAT纷纷成立自己的影业公司。娱乐法(entertainment law)作为知识产权法在影视行业的应用,开始从好莱坞进入中国,成为热词。

传统媒体是广告和内容二元市场的行业模式,因此更加强调“内容为王”。移动互联网是以软件产品起家,更加强调“产品为王”。通信运营商则是提供管道服务,强调“服务为王”。对于移动互联时代的传媒来说,到底应该以什么为王,完成哪些转变呢?

首先是从内容为王到产品为王的理念转变:应强化产品研发和产品经理的概念,以新产品为中心而不是以技术维护为中心。以广电系新媒体公司的人员结构为例,主要分为几部分:行政管理和综合部门人员、内容生产人员、技术运维人员、广告营销人员。同移动互联网公司相比,其人员结构中最缺乏的是产品研发和产品经理两类人才。

第二就是从制片人到产品经理的组织转变:制片人制和产品经理有着本质的区别。制片人是面向播出节目的内容生产机构,而产品经理是在互联网时代,面向用户提供产品和服务的架构。“微信之父”张小龙就是产品经理出身。传统媒体急需引入互联网的产品经理这一角色,重新构建产品研发与创新体系、用户运营与营销体系,彻底实现“以用户体验为导向”的转型。

我们以电视栏目《爸爸去哪儿》为例，畅想一下这样的产品经理是个什么状态。这位产品经理，具备电视和互联网的复合型从业经验。他领导的这个团队，将面向所有的用户，包括网民和观众，提供以“爸爸去哪儿”为主题的产品和服务。他们开发基于音频、电视、电影、手游及其他衍生产品等不同形态和渠道的产品与服务。

第三就是在产品为王基础之上，实现服务为王：从“内容为王”到“产品为王”，最终走向“服务为王”，这是最有颠覆性的转变。通过上述转变，完成从内容到产品，从产品向服务的模式转型。未来的传媒内容产品，将是基于移动互联网的“信息+体验+场景”模式。正如2015年的春节红包，移动互联网创造体验场景，并在一定场景下为终端用户提供有价值的信息与体验。

（三）传播渠道的“泛在化”和“管道化”

“泛在”（Ubiquitous）原是拉丁语，即“神无处不在”。1991年，美国马克·威瑟（Mark Weiser）在其论文《21世纪的计算》中首次提出“泛在计算”（Ubiquitous Computing）的概念，用于指传播的无所不在。2009年，国际电信联盟（ITU）发布的《Y.2002标准提案》中界定了泛在网的特征“5C”和“5Any”。

从1991年“泛在性”提出后的20多年来，“泛在化社会”（Ubiquitous Society）成为一种必然趋势，这要求在用户的不同情境条件下都能够提供多样化信息服务，而非单一信息服务。随着互联网技术的发展、产业的融合以及政府规制的放松，传媒的泛在逐步成为可能。

丹麦的克劳斯·布鲁恩·延森在《媒介融合：网络传播、大众传播和人际传播的三重维度》一书中提出，普适计算融合了多种媒介界面，实现了“世界作为一种媒介”[4]；而近几年物联网技术的迅速发展，更体现了这种趋势。人机界面从PC计算机时代的“图形界面”到“有机用户界面（organic user interface）”，再到未来的“生物膜界面（membranes）”，普适计算使得未来的媒介是移动化、普适化以及无处不在的。

移动互联网对传统媒体分发渠道带来的最大冲击就是管道化，即OTT。什么是OTT？OTT（Over-The-Top）一词来源于篮球运动的“过顶传球”，强调服务与物理网络的无关性。OTT TV，是指基于开放互联网并覆盖各种终端的视频服务，即通过公共互联网面向电视等多终端传输的IP视频以及与互联网应用融合的服务。OTT TV初期的终端主要是PC，面向PC用户的视频网站应该算是早期的OTT TV形态。随着多屏技术的发展，OTT终端已经扩展到电视机（包括互联网电视一体机或机顶盒+电视机)、电脑、iPad、智能手机等。OTT TV 的出现,彻底打破了电视传输渠道的垄断性,使得电视行业开始从封闭的花园走向互联网的蓝海,客厅革命真正到来。

2014 年,在传媒的渠道领域,兼顾开放和安全的渠道新模式正在形成。乐视和快播事件成为新闻焦点。随着 OTT TV 监管政策的进一步落实和加强,国有 OTT TV 牌照商和内容商利好,芒果 TV 等牌照商迅速发展。但我们应该看到,监管带来的利好是暂时的,只是缓冲了市场的竞争。未来在渠道领域,更接近欧洲模式的 IPTV+OTT 以及 DVB+OTT 模式将逐步形成。这种兼顾开放和安全的渠道新模式,将带来有线运营商和视频网站的共赢。

(四) 传媒受众的"粉丝化"和"社群化"

第三次工业革命推动了以分散和合作为特征的新型经济模式的产生。这种新型经济模式改变了传统经济学对人性的定义,也改变了对财产的定义。在新型经济模式中,原有的人性假设已经不再成立,对社会性和集体性的需求逐渐成为主流,从而推翻了经典经济学成立的基石。

在移动互联网时代,传播者与接收者的地位得到彻底的改变,人人都成了信息的发布者,同时又在不断接收别的信息。如 UGC 用户将自己原创的内容通过互联网平台进行分享,成为内容的生产者。社交媒体 YouTube、广电和视频网站的拍客、视频分享网站土豆网、博客、微博和微信都是 UGC 的成功应用。

社群是指有稳定的群体结构和较一致的群体意识,成员有一致的行为规范、持续的互动关系,成员间分工协作,具有一致行动的能力的群体。当粉丝们形成较高的忠诚度,经常互动和分工协作时,就形成了一定的社群。

移动互联网的标杆公司小米,是成功把用户转换为粉丝的公司。这些小米粉丝形成了较高的产品忠诚度,并深度参与小米手机的产品迭代。"罗辑思维"创始人、著名的自媒体人罗振宇,他的商业模式就是利用粉丝和社群的力量,进行内容产品的生产、传播、互动和商业赢利。

(五) 价值系统的"网络化"

价值网是由 Mercer 顾问公司的亚德里安・斯莱沃斯基(Adrian Slywotzky)在其《利润区》(*Profit Zone*)一书中首次提出的。价值网以用户和受众为中心进行价值创造,围绕用户价值重构传统媒体原有的价值链,使价值链的各个环节、不同的主体按照整体价值最优的原则融合,从而将传统的链形管理转化为网络状管理。

传统媒体价值链的参与者包括内容提供商、内容集成商、服务提供商、运营商、用户等环节。传统价值链存在如下特点：一是难以满足用户需求；二是长期对抗和顺序式；三是刚性和不可改变。

移动互联背景下，由于跨界参与者数量不断增加，使得价值链的结构也日趋复杂，不再保持一种相对封闭和长期稳定的关系，而是从简单的单向价值链结构向复杂的网络融合下的价值网演进。

以视频媒体为例，互联网对传统电视生态的颠覆的主要特征就是"跨界融合"。传统电视的生态链是由内容生产商、播出机构电视台、传输渠道有线网络和广告公司构成的封闭产业链，而互联网的发展颠覆了这个生态链，主要表现在重构了产业链，新的参与者如通信、电视机制造、终端生产商、视频网站进入，以及延伸出新的商业模式。

基于移动互联的传媒产业价值网，将以用户为中心，从内到外，依次包括电信和广电运营商、内容提供商、内容集成商、芯片提供商、软件提供商、基础设施提供商、终端制造商、行业标准制定者、广告商、政府监管部门、第三方支付机构等参与者。模型中箭头的指向表示价值创造和传递的方向，各参与者由外向内，逐层靠近用户，最终将各种服务内容传递到用户手中，实现其价值。价值网模型如图 1 所示。

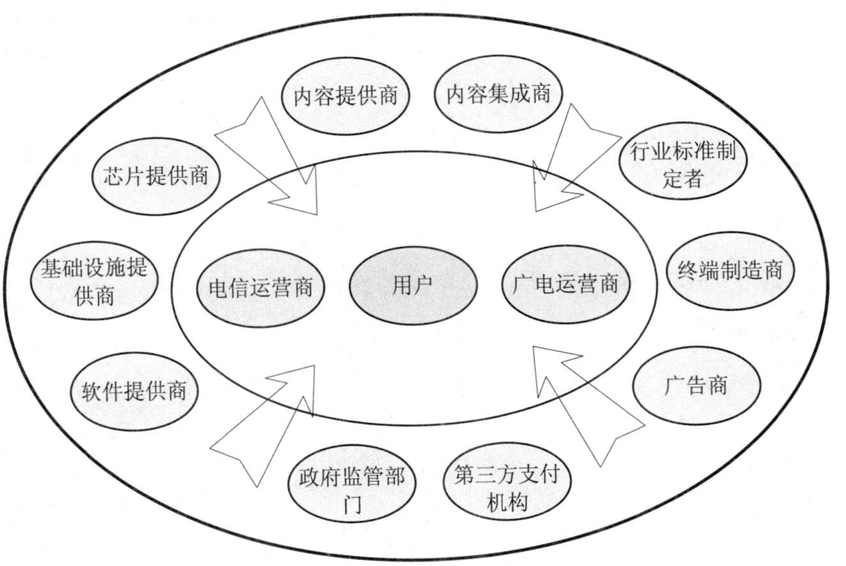

图 1　传媒产业价值网模型

注释：

1. 罗伯特·洛根：《理解新媒介——延伸麦克卢汉》，复旦大学出版社 2012 年版。

2.思科公司:《2014-2019 年全球移动互联网发展趋势报告》。

3.参见凤凰网:《王云辉:“脱媒时代”的媒体未来》。

4.〔丹麦〕克劳斯·布鲁恩·延森:《媒介融合:网络传播、大众传播和人际传播的三重维度》,复旦大学出版社 2012 年版。

〔张锐,北京电影学院中国电影产业研究院副教授、高级工程师,大数据研究所所长〕

微纪录片融资渠道创新之探究

The Innovation of Financing Access for Micro Documentary

◎周　凯

Zhou Kai

摘要：近年来，快速成长的新媒介正悄然改变着传统媒介的内容与形态，微纪录片就是在传统纪录片基础上发展起来的。随着网络时代的飞速发展，互联网金融市场也迅速繁荣起来，微纪录片正面临着一个产业发展的最佳时机。因此，微纪录片产业要把握好互联网金融发展的这一重要契机，依托互联网思维构建新的微纪录片投融资模式。本文在当前微纪录片融资困境的基础上，创新性地提出拓宽融资渠道的设想，整合微纪录片的融资平台，以期推动微纪录片的发展。

关键词：微纪录片，融资，渠道创新，困境

Abstract：The rapid－developing new media has changed the content and form of traditional media recently. Based on traditional documentary, micro documentary grows up. The Internet era develops, as well as financial market online. This is the best time to blossom for micro documentary industry, and it should seize this opportunity and build a new mode of financing with Internet thinking. Facing the predicament of financing now, this article puts forward ideas of expanding financing channel, integrating financing platform to advance micro documentary.

Keywords：micro documentary, financing, the innovation of access, predicament

近年来，随着移动互联网的兴起，以传播速度的瞬时性、传播平台的多样性、传播样态的互动性和传播载体的多媒体化为特征的新媒体迅猛发展，快速成长的新媒介正悄然改变着传统媒介的内容与形态，如微博、微信、微电影等，以短小精练、灵活多变、自由观看为基本特征的微时代成为网络文化语境的重要特征，在这样的新媒体环境下，微纪录片便应运而生。

微纪录片是在传统纪录片基础上发展起来的，它以记录真实存在的人或事为基础，再现事件的过程，继而引发观众们的思考。相对于以往的纪录片，微纪录片耗费低、制作周期短，时长一般在4~10分钟之间。微纪录片的真实性是它的生命，区别于

纪录片、电影、微电影等的特点，是它的轻小性、单义性和大众性。在新媒体背景下产生的微纪录片，轻小性是其显要特征，同时也是纪录片为适应新媒体时代受众碎片化需求所做的调整和转变；[1] 正是由于受到了时间的限制，要求其在较为短暂的时间里展示单一主题，也符合了受众接受信息的习惯；基于新媒体传播的微纪录片的大众性不言而喻，草根原创，使创作者得以与受众进行充分的信息互动。

互联网时代快速发展，微纪录片以其自身优势适应了这一变化。放眼全球，互联网金融业市场发展迅速，其市场总投资规模为 2345 亿元，预计到 2017 年会增长至 7210 亿元，全球使用移动支付的用户总数将从 2013 年的 2.45 亿增长至 2017 年的 4.5 亿。[2] 微纪录片正处于产业发展的起步线上，大有市场发展空间。

一、微纪录片市场分析状况

继 20 世纪 90 年代后期的纪录片繁荣期之后，近两年的纪录片市场开展得如火如荼。国家新闻出版广电总局于 2012 年正式实行了《关于进一步加强电视上星综合频道节目管理的意见》(以下简称《意见》)，要求各卫视综合频道限制近年来异常火爆的娱乐节目，扩大包括经济、新闻、纪录片、文化在内的多种类型节目的播出比例。[3]《意见》重新点燃投资者对纪录片的热情，也为纪录片发展带来前所未有的机遇。中央电视台摄制的纪录片《舌尖上的中国 2》总投资约 1000 万元，却创造出超过 3 亿元的收益，让很多投资人看到了纪录片的巨大潜力。然而在从业者看来，即使现在观众对纪录片的关注度逐渐增长，但是投资纪录片仍然存在风险。纪录片的发展离不开国家政策的支持与引导，但市场永远是纪录片发展的重要力量。

近两年来，纪录片的市场需求量不断增大，购买力也不断增强，许多网站，如腾讯网、凤凰网、爱奇艺、优酷等视频网站专门开设纪录片频道，并且高价购买纪录片，用来充实自己的纪录片资源库。凤凰网上线纪录片视频资源多达 6000 小时，爱奇艺纪录片频道上线准备了 3000 小时的资源，以满足观众需求。其次，除了传统的电视台、影视制作公司投资拍摄纪录片之外，许多视频网站也开始摄制纪录片，优酷自制纪录片《季录》一上线，就有 540 万次的播放量，7200 条网友的评论，引起了多方关注。搜狐自制推出的《大视野》，针对当下国内外热点题材，对互联网纪录片的品质提出了更高的要求，甚至在当时一度超越同题材的电视台栏目。即使如此，纪录片市场投资微乎其微，收益相对较少。2014 年，中国传媒大学中国纪录片研究中心数据显示电视纪录片市场投资总额在 10.78 亿元至 12.52 亿元之间，而同期动漫投资已高达 760 亿元。[4]

新媒体语境下,由于微纪录片具有真实性、单义性、大众性等特点,越来越多的观众对微纪录片产生了浓厚的兴趣,微纪录片市场的经济效益也日益提高,有些微纪录片得到了较高的经济回报,而这种回报除了来自传统媒体的电视之外,更多的来自网络媒体。南京广播电视台制作的《城殇》,采用微纪录片的形式对南京大屠杀进行了回顾,该片在腾讯视频上线后,点击量已达到 1055 万多次,在微信朋友圈引起热议。微纪录片在创作上更加倾向于碎片化,更多体现的是个体情感变化。微纪录片的轻小性使其在制作中更加简洁灵活,借助于新兴媒体,微纪录片实现了媒体融合的多平台传播。从传播推广模式上来说,微纪录片颇受商业客户的青睐,很多企业通过微纪录片传播自身文化与社会形象,这大大拓宽了微纪录片的融资渠道。

二、微纪录片传统融资模式

每年,我国都会从国际上引进一大批优秀的纪录片,虽然我国对外输出的纪录片也呈大幅度增长,但质量和数量上相对不足。当前,我国纪录片的融资大多来自政府和公益基金的支持。而电影、电视剧制作资金的 70%-80%都来自于社会投资,所以对于纪录片来说,社会投资比较少,是目前纪录片融资模式的瓶颈。新媒体环境下发展起来的微纪录片颇受广告客户的青睐,凭此建立起来的推广运营模式使微纪录片成为社交媒体下营销的生力军。当前我国微纪录片主要的融资模式如下。

(一)传统媒体转向微纪录片

新媒体的开放性、互动性、平民性等特点,给微纪录片创作的选题和风格带来更大的拓展空间,有助于纪录片的个性化表达,也契合新媒介传播优势下的特定群体的个性化需求。鉴于此,很多传统媒体也纷纷转向微纪录片的拍摄,南京广播电视台创作的 30 集微纪录片《城殇》,创新性地采用每集三分半钟的形式对南京大屠杀这段历史进行回顾。央视制作的 100 集微纪录片《故宫 100》,以每集 6 分钟的形式为观众讲述了一百座故宫建筑鲜为人知的故事。

(二)视频网站自制微纪录片

由于市场上微纪录片的资源有限,各个视频网站竞争比较激烈,加上微纪录片的制作时间短,拍摄简便,很多视频网站开始制作微纪录片。实际上自制微纪录片不但可以更好地节约成本,还能更好地体现该视频网站的主体思想,凸显网站的独特性,有利于网站树立品牌形象。例如优酷独家推出的环球旅行纪录片《侣行》,在 2013 年就已经保持每小时 58 万播放量,截至目前已经有超过 5.5 亿次的播放量,2014 年 6 月开拍第三季。该片一经播出,好评如潮,惊险刺激的《侣行》也正代表了优酷开拓创新的企业文化。

(三)企业投资微纪录片

凤凰卫视的总监李鸣说:“微纪录片的这个产品概念,受到了大量广告客户的青睐,很多大品牌纷纷通过微纪录片的形式来为品牌做广告,更加人性化,和消费群体更亲近。”[5] 微纪录片作为纪录片的一种,广告形式相对比较隐秘,可减少观众的厌烦情绪,能更好地树立企业文化形象。目前,由上海通用汽车别克品牌投资拍摄的百集城市文化纪录片《上海 100》正在热播,引发了社会各界以及网友对当代城市文化与精神的研究与讨论。《上海 100》以细节化、形象化的拍摄手法展现上海的特质、精神风貌,也让观众感受到别克品牌的创新进取精神。

(四)个人自制纪录片

这种融资的手段往往是凭借个人的爱好,因为微纪录片制作比较简单,时间短,便于个体操作。与传统的纪录片不同,新媒体语境下产生的微纪录片更具草根性、原创性,每位观众都可以随时创作拍摄,记录当下,表现自我。微纪录片突破传统纪录片的主流化限制,也不仅仅局限于边缘化题材,而是走向多元化的全景式记录,展现普通大众的生活。广州一群九〇后学生拍摄讲述广州纹身文化的微纪录片《纹化》,影像语言虽稚嫩但富含深意,片中还加入了暴走漫画等趣味元素,别出心裁,深受年轻观众欢迎。

三、微纪录片融资模式的困境

对于内容和题材而言,微纪录片本身具有反映社会历史现实、贴近大众文化和教育功能。多元文化语境下,越来越多的观众对微纪录片产生浓厚的兴趣,吸引了更多的社会资金注入微纪录片行业。然而,目前微纪录片的融资还存在着诸多的困境。

(一)无明确的风险预估

微纪录片契合了碎片时间和移动空间要求,能够恰到好处地满足受众的需求,因此，微纪录片是传统纪录片为适应新媒体特征和观众需求而衍生出的新形态，是在技术和文化变革的基础上衍生出来的新型媒介产品。由于微纪录片独特的生产制作流程和产品特性，其资本的产出具有较大的不确定性，因此难以给投资方提供明晰的风险预估和收益机制报表，这就让投资方可能在与微纪录片创作者确认剧本后，却因为前期投入较大，后期产出无法核算而望而却步。

(二)缺乏国际化的视野

微纪录片是全媒体时代一种新型的视频形式，由于不同国家地区间语言和文化上的隔阂，加上受传统纪录片小众化、精英化特点的影响，难以引起国际视野的关注和融资，我国纪录片市场化程度不高，从生产到制作的产业链不完整，跟国际上其他国家相比，商业运营体系尚未形成，所以纪录片缺乏海外融资平台。

(三)缺乏足够的政策支持

目前，扶持政策主要还是倾向于电视台出品的常规纪录片，短小精练的微纪录片在生产、制作、播出、提供纪录片申报项目资金等诸多方面，较难得到政策上的支持，也没有统一的规定。

(四)缺失完整的平台体系

微纪录片的融资环境还是缺乏一套完整的平台体系，如监管、资金补贴、投入产出、收益分析等，与微纪录片的申报立项、宣传推广与生产过程完美地结合在一起的体系。

四、微纪录片融资渠道的创新

在《关于加快纪录片产业发展的若干意见》《关于进一步加强电视上星综合频道节目管理的意见》等相继出台后，广电总局还发布了上星综合频道每天至少播出 30 分钟纪录片的通知，这些都为纪录片行业带来了强有力的政策保证与支持，让纪录片从业者信心倍增。

互联网金融的兴起，使微纪录片正面临着一个产业发展的最佳时机，依托于网络思维构建新的微纪录片投融资模式，确保资金精准投放到微纪录片产业链中去。本文提出未来可能尝试的融资渠道，以拓宽微纪录片的融资平台。

(一)抵押版权收益融资

近几年,韩国出口份额最大的就是其版权产品,而中国文化产业的兴起,版权产业无疑发挥了核心作用,版权产业未来发展的市场潜力极大。美国电影业的产业规模仅占全球的8%,却控制了全世界约80%的市场份额,所以对于美国经济来说,版权产业已经远远超过其他传统出口产业。[6] 而在中国,版权产业还处在探究阶段,抵押版权收益将是其中重要的一步。版权融资可以投射到拍片制作过程中的各个阶段,不仅局限于创作初期,还涉及后期的制作和剪辑。随着我国各个地区版权交易机构的兴起,版权融资将会成为未来文化产业重要的融资手段。微纪录片生产和制作的特点导致资本的投入产出有较大的不确定性,所以制片方在拍摄之前要提供给投资方清晰的拍摄方案和风险预估报表,并可抵押后期片子制作完成后的版权收益,然后让投资方投入前期拍摄资金。

(二)拓展众筹融资渠道

众筹来自于国外 Crowdfunding 一词,即大众筹资,描述的是群体间的合作,一般指的是人们通过网络平台筹集资金,用来参与和支持其他人发起的项目。目前,文化创意产业越来越多地通过众筹平台来融资项目。《中国纪录片发展报告(2014)》指出我国纪录片产业正在向“轻传播、快传播、软传播”发展,纪录片与互联网相互融合,以往被动的观众也正在向主动的用户转变。微纪录片制片方可以在网上发布故事大纲,以及制作过程、预算和后期的收益等,以获得群众的支持,筹集资金。当然众筹渠道不仅限于国内,也可以扩展海外融资渠道,这不仅会扩大我国纪录片的影响力,也能提升微纪录片的制作质量与水准。

(三)通过视频网站点击率分成融资

互联网大潮之下,依托于互联网的各大视频网站如雨后春笋般地迅速蔓延开去,让更多大众化的微视频影像进入受众视线,也让更多的“草根”加入到视频的生产和制作中去,如现在的优酷、爱奇艺、搜狐等网站视频不仅大批引进国内外优质影视作品,更是推出网站和大众自制视频,随时随地满足受众的视频享受需求。在网络视频时代,微纪录片的发展满足了网络时代下人们快捷的观看习惯和生活方式,提高了视频消费者的自主能动性,所以传统意义上的影视时代已经转向视频时代,视频内容只有保证较高的点击率,才能有更好的资金回报,微纪录片制片方可与投资方、播出方等多方协定，最终依据视频网站点击率分成。

(四)通过网络广告融资

新媒体的迅速发展，促使广告也随之拓宽了自身的发展领域，多样化的平台实现了移动设备上的传播和观看。谷歌首席执行官埃里克·施密特对网络广告市场表现非常乐观，他在美国互动广告局年会中表示，“全球在线显示广告市场可在未来10年内达到2000亿美元的规模，增长速度会超出所有人的预期”。[7] 据不完全统计，截止到2014年的6月，我国网民已经达到了6.32亿，互联网普及率已经达到46.9%，中国网民的人均周上网的时间长达25.9小时。微纪录片可以通过广告、冠名、赞助等融资渠道实现赢利。微纪录片其实是一种特有的广告形式，可以满足不同观众的需求。《舌尖上的中国2》第一集开播两个小时之内就有200万用户上网搜索关于该美食的内容，可见纪录片广告潜藏的巨大力量。康美药业、一汽集团、张裕酿酒公司分别与央视纪录频道、凤凰视频等建立了紧密的合作关系，如凤凰视频与张裕合作策划的《红酒文化解密》，既向观众解读了红酒背后的文化，又在无形当中宣传了企业品牌与文化，这比单纯的广告更彰显文化价值。

(五)创建纪录片产业投资基金平台

2014年2月13日，“中尚雷禾纪录片创作基金”成立，这是北京西城区首次搭建纪录片产业投融资平台，对于纪录片产业的发展大有裨益。纪录片产业基金会的成立不仅可以让题材优质的纪录片顺利开拍，而且也可为导演寻找到优秀的剧本作品。微纪录片制作方可以通过纪录片产业基金融集资金，投入到创作中。申请纪录片产业基金的制片方需要将微纪录片项目的故事大纲、剧本、拍摄方案、预算等寄给基金会，基金会将引入市场准入与退出机制、公众评价和专业团队评估，向制片方提供可行的投融资计划，以此推进微纪录片的拍摄。

注释：

1 王春枝：《微纪录片：新媒体语境下纪录片的新样态》，《电视研究》2013年第10期。

2 数据来源：中国互联网协会：《2014年中国互联网金融行业投资研究报告》，《金融世界》2014年第31期。

3 李文斌、刘开源：《“限娱令”下的媒介变中求存之道——以湖南卫视〈变形计〉强势回归为例》，《东南传播》2012年第7期。

4 张同道、胡志峰:《中国纪录片发展报告(2013)》,科学出版社 2013 年版。
5 高亮,占予川:《浅谈当代微纪录片的概念及价值》,《东方后期企业文化》2013 年第 2 期。
6 王欣:《基于国际贸易分工条件下我国创意产业国际竞争力研究》,东华大学 2014 年硕士论文。
7 吕文龙:《"融资"背后的网络广告》,《互联网周刊》2011 年第 6 期。

〔周凯,南京大学新闻传播学院教师〕

煤矿工人自媒体使用情况调查

——以淮北市国营煤矿为例

Survey on the Service Situation of We-Media among Coal Miners

——Analyzed by State-owned Coal Mine in Huaibei

◎ 宋 词 高传智

Song Ci Gao ChuanZhi

摘要：目前，自媒体正当蓬勃发展之时，它不仅是新的传播渠道，更有话语赋权的深层意义。该文以煤矿工人作为传统产业从业者的代表，以实证研究为基础，结合煤矿工人这一群体的特殊性，透视自媒体的发展状况和煤矿工人的媒介使用状况，了解自媒体对煤矿工人话语权表达的功效，对如何增强这一赋权功效进行探究，并且关注自媒体对煤矿工人信息获取、人际关系、价值态度的影响。

关键词：自媒体，煤矿工人，增权，实证分析

Abstract: We-Media is in a stage of rapid development, it not only is a new channel of communication, but also has the deep meaning of discourse empowerment. By taking the practitioner in traditional industry such as coal miner as representative, data survey was carried out on the basis of empirical study with questionnaire method, content analysis and in-depth interview. The development status of We-Media and media service condition of coal miners were studied through the data analysis and the analysis of the particularity of coal miners. This artide also focuses on We-Media's effect on the expression of discourse right of coal miners and tries to figure out how to enhance this empowerment effect, besides, the influences of We-Media on the information acquisition, interpersonal relationship and values of coal miners were also studied.

Keywords: We-Media, coal miner, empowerment, empirical analysis

一、研究概述

（一）研究背景与研究意义

自媒体的定义最早出现于2003年美国新闻学会媒体中心出版的 *We Media*（自媒

体)研究报告中,“自媒体是普通大众经由数字科技强化、与全球知识体系相连之后,一种开始理解普通大众如何提供与分享他们本身的事实、他们本身的新闻的途径。”自媒体这种新的信息传播途径改变了过去传统媒体对信息和话语权的垄断,降低了公民个人信息传达的成本,拓宽了公民个人信息传送的渠道。并且,微博等自媒体被赋予了一定的舆论影响力,成为人们监督社会和自身维权的重要工具。

改革开放以来,传统产业工人的社会地位和生活水平发生了一定变化。改革开放前,国家大力发展重工业,传统产业工人收入水平较高,并被赋予了国家“领导阶级”的头衔,社会地位较高。改革开放后,资本、技术、管理等要素参与分配,传统产业工人进入价值链的末端,收入和社会地位均有下降。

煤矿工人是传统产业工人的典型代表,长久以来被赋予了这样一种媒介形象:文化程度低、贫穷、劳累、工作风险大。尽管关于煤矿的新闻报道常见诸媒体,但是我们却很少听到这一群体自己的声音。“数字鸿沟”正成为新的社会问题。数字鸿沟(Digital Divide)指的是在那些拥有信息时代的工具的人以及那些未曾拥有者之间存在的鸿沟。[1]数字鸿沟既受数字技术接触性的影响,也受数字技术使用能力的影响。自媒体是数字化时代的产物,煤矿工人对它的接触状况和使用效果如何?他们身处数字鸿沟的哪一边?

本文研究的核心问题主要集中于以下两方面:

1.煤矿工人是否有能力接触并使用自媒体,他们的使用习惯如何?

2.自媒体能否为煤矿工人个体增权提供帮助,他们的使用效果如何?

(二)文献综述

媒介接触的研究往往在某种新兴媒介出现之后形成一个高潮,近几年由于新媒体的蓬勃发展,媒介接触研究再次受到重视。按研究内容和研究对象来看大致可以分为两类:第一类为普查类,不针对特定人群,不针对特定媒介。第二类为定向类,它们或者针对特殊的人群,或者针对特殊的媒体,抑或二者兼有。

第一种类型有喻国明教授等人出版的《中国人的媒介接触:时间维度与空间界面》[2],引入了场景和心理变量的考察,将日记法创造性地用于媒介接触调查中。另外,谢天勇、张国良的《中国大陆中部地区民众的媒介行为实证分析》[3]将研究目光转向了少有人关注的中小城市。但此类研究只进行概貌描述,无法将人口学和社会学变量加以考虑。

第二种类型的研究者比较关注的群体有农民工、大学生、儿童、老人四类,特别是关注他们对新媒体的使用，如《上海市儿童新媒体使用情况的调查与思考》[4]《南京地区大学生媒介接触情况调查与分析》[5]《上海市新生代农民工新媒体使用与评价的实证研究》[6]。但是，对于传统产业工人这一衰落的群体关注甚少，群体的缺失不利于详细构筑整个社会的媒介使用情况。另外，现有研究局限于使用状况层面的分析，缺乏对使用效果的量化研究。

(三)研究对象与研究方法

本文选择安徽省淮北市的2家国企煤矿进行调查。

安徽省淮北市地处中部省份安徽省东北部。该地区是中国13个煤炭基地之一，全市人口218万，直接从事煤炭生产的人数达到11万多人，占全市企业工人的45%，占全市工业从业人数的70%。[7]

本文综合采用问卷法、深度访谈法和文本分析法来进行调查。

在问卷法中，选择两个矿区，抽样方法是各发放100份问卷，按照工种和性别抽样，其中一线工人50份，二线工人20份，三线工人20份[8]，管理技术人员10份，并且每矿总共需包含20份女性员工问卷，共收回样本183份，但问卷质量较差，经过筛选后有效样本[9]共计128份，成功率64%。128份有效样本中，产业工人样本96份，专业技术人员28份，科级及以下管理者4份，基本符合各矿区的人员分布比例。从男女分布情况来看，男性样本92份，女性样本36份，与实际情况相比，女性工人比例略高。

在文本研究法中，选择10个微博发布数量在200以上的工人微博，对其关注对象、粉丝数量、发布内容和使用频次进行文本分析，用以佐证问卷调查结果。并且选择3~5人进行小组访谈，对一些问题做更深入的阐述。

二、自媒体使用基本状况分析

(一)基本接触率

统计结果显示，回收128份问卷中有98人使用自媒体，占76.6%，使用率较高。仅从这一点看，自媒体近几年发展迅猛，普及率较高，也说明该地区煤矿工人的新型媒介接触情况比较乐观。

下面是将自媒体品种进一步细分后的统计结果：

表 1　自媒体使用品种统计表

		响应		个案百分比
		频数	百分比	
自媒体使用品种[a]	是否使用微博	41	18.0%	41.8%
	是否使用微信朋友圈	40	17.4%	40.8%
	是否使用 QQ 空间	85	37.3%	86.7%
	是否使用博客	7	3.1%	7.1%
	是否使用各种论坛	30	13.2%	30.6%
	是否使用社交网站	6	2.6%	6.1%
	是否用播客	2	0.9%	2.0%
	是否使用语音类自媒体	11	4.8%	11.2%
	是否使用图片类自媒体	4	1.8%	4.1%
	其他	2	0.9%	2.0%
总计		228	100.0%	232.7%

a.值为 1 时制表的二分组[10]。

此表的个案百分比显示在使用自媒体的人群中 86.7%的用户都使用了 QQ 空间，微博的使用百分比为 41.8%，微信为 40.8%，两者基本相当，论坛的使用比例为 30.6%，也占有相当的分量。

进一步统计发现，使用且只使用 QQ 空间这一种自媒体的人数达到 32 人，占总使用人数的 32.7%。QQ 空间作为自媒体有其狭隘性，QQ 本身是一种即时性通讯工具，作为附属功能的 QQ 空间传播能力也比较有限，体现在传播范围小、影响力小、及时性差、热点不突出、话题生活化等方面。这样的统计结果说明煤矿工人的自媒体使用存在严重的单一性和初级性。

另外，一些新兴的自媒体显然很少被使用，例如美拍、instagram、荔枝 FM 等。一方面是因为这些自媒体比较小众化，另一方面也说明煤矿工人对新兴自媒体的接触能力有限。

(二)使用能力

首先，自媒体的使用需要依托一定的技术设备，目前普遍使用的是智能手机、个人电脑和平板电脑。表 2 反映的是调查对象的媒介拥有情况。

表 2　煤矿工人拥有的各种媒介工具

		响应		个案百分比
		频数	百分比	
拥有的媒介[a]	是否有智能手机	112	56.0%	91.8%
	是否有个人电脑	76	38.0%	62.3%
	是否有平板电脑	12	6.0%	9.8%
总计		200	100.0%	163.9%

a.值为 1 时制表的二分组。

从表 2 可以看出，不少人同时拥有两种或者三种媒介工具，其中被调查人数中智能手机的拥有率高达 91.8%。另外在调查中，受访者将不同媒介使用频率按照 1-5 分进行打分（1 分表示从不使用，2 分表示几乎不使用，3 分表示偶尔使用，4 分表示经常使用，5 分表示每天使用），结果显示平均得分前三名为电脑（3.90）、电视（3.89）、手机上网（3.67）。由此说明，多数煤矿工人是拥有自媒体使用能力的。

统计中发现，煤矿工人不使用媒介工具的主要原因则是“不会用”和“花费高”以及“没时间”，后面还将继续考察煤矿工人的教育水平、收入水平和工作环境等对自媒体使用的影响。

（三）使用时间和地点

为了进一步了解煤矿工人的自媒体使用状况，还需要考察他们自媒体使用的时长和使用场所。首先，媒介接触时间是最具有公共尺度的通约指标，媒介接触时间是媒体价值的核心承载体。[11]另外，使用地点也是可以反映出一定人群中自媒体使用与空

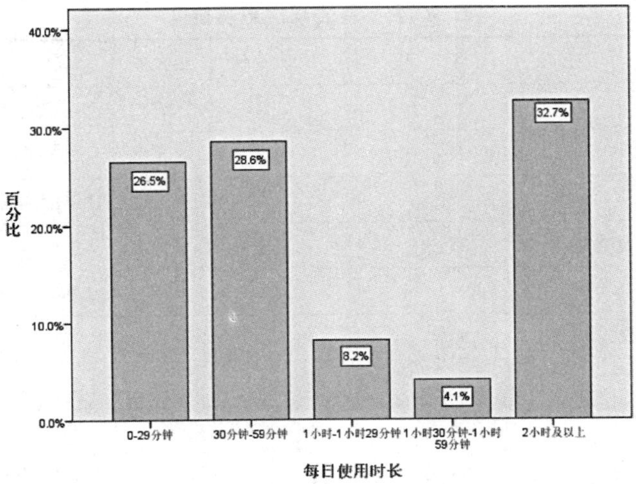

图 1　每日使用自媒体时长

间的依赖度。

通过图 1 可以看到,每日使用 2 小时以上和 1 小时以内的人群占了绝对数量。调查显示,选择在没有其他事情时单独使用自媒体的人占到个案百分比的 79.2%,这样的使用场景,说明自媒体在实际生活的应用中还是具有强烈的排他性,受众的注意力从根本上来说还是一个“零和”的过程。但自媒体同时又是一种伴随性媒介,它的使用具有碎片化的特征,通过各种便携式的媒介,人们可以在各种活动间隙见缝插针地使用,如等待中(个案百分比 37.5%),这种活动通常占用的时间较少,由此可以解释为何一小时以内使用时长所占的比重也较大。

将使用场所分为自己住所、他人住所、交通工具、街道、工作场所、室内餐馆场所、室内公共服务场所、文娱场所以及其他室内场所、其他室外场所。统计中该群体使用自媒体依赖度最高的场所为自己的住所,为 32.6%,这可能与矿区中单位和家两点一线的生活方式有关,并且与人们习惯通过个人电脑使用自媒体有关(个案百分比为 61.7%)。同时,自媒体对交通工具、工作场所也有一定的依赖度,分别为 11.8% 和 8.7%,因为自媒体通过智能手机和平板电脑可以实现便捷、伴随的特质。据相关研究表明,网络是对住所依赖度较大的媒介,手机是对住所、工作或学习场所以及交通工具依赖度比较大的媒介[12]。

(四)使用动机

使用动机是该群体自媒体使用的主观因素,反映了他们对自媒体功能的需求,也反映了他们对自媒体的运用能力,并且会直接影响到对他们自媒体使用效果的考察。

表 3 自媒体各功能重视程度

	N	全距	极小值	极大值	和	均值	标准差
浏览信息功能	97	4	1	5	416	4.24	.942
发布个人状态功能	94	4	1	5	296	3.15	1.360
发布周边新闻功能	92	4	1	5	292	3.17	1.427
转发评论熟悉人的状态功能	88	4	1	5	268	3.05	1.286
转发评论陌生人的状态功能	90	4	1	5	190	2.11	1.276
对社会新闻或公共事件发表意见	90	4	1	5	236	2.62	1.259
聊天交友功能	88	4	1	5	258	2.93	1.294
娱乐消遣功能	88	4	1	5	280	3.18	1.255
有效的 N(列表状态)	86						

注:5 分非常重视,4 分比较重视,3 分一般重视,2 分不太重视,1 分完全不重视

表3显示煤矿工人最重视的是自媒体浏览信息的功能(均值4.24),且标准差最小,说明人们意见比较一致,而最不重视的是转发评论陌生人的状态(2.11)和对社会新闻或公共事件发表意见(2.62)。

另外,从煤矿工人中选取了10个微博数量在200以上的用户,按照时间顺序各选取50条微博,其中发布个人状态的微博占到49.2%,娱乐情感消遣的占到21.2%,转发评论陌生人的状态为17.2%,转发评论熟人的状态为4%,发布周边新闻占到3.2%,转发评论周边新闻占到2.4%,与问卷统计的结果差距不大。在转发评论的他人状态中,多数是明星八卦、食品安全、物品买卖等方面内容,发布的周边新闻集中在交通、天气、街坊邻里上。但不同的个体所发布的内容也有明显差异,有的女性用户集中关注情感两性方面的信息,有的男性用户集中关注汽车方面的信息。

总之,自媒体作为新闻信息源和意见表达渠道的功能没有得到很好的体现。

自媒体固然有提供信息的功能,但新媒体的碎片化呈现使得提供信息并非其优势所在。自媒体的价值体现在它打破了信息传递的壁垒,使得人人都可以成为新闻的发布者。自媒体正是引发了一场信源革命,将传统媒介时代潜在的、数量有限的信源及沉默的受众变成了积极的、无限量的受众。[13]也正如克莱·舍基在《人人时代》中所说:"从现在开始,新闻可以不借助传统媒体而闯入公众意识。"[14]

在煤矿工人群体中,发布新闻排在附属性功能娱乐消遣之后,并且自媒体上的人际关系多局限于熟人交际,对陌生人很少给予关注,对公共事务也缺乏讨论兴趣。可以说,该群体没有充分认识和利用自媒体的优势,这势必对自媒体增权功效的实现产生影响。

三、人口学及社会学变量与煤矿工人自媒体使用的关系

相关分析(Correlate)是研究变量间关系紧密程度的一种统计方法。本文选用Pearson简单相关系数进行双侧检验,考察的人口学变量有性别和年龄,社会学变量有教育水平、工作场所和职位身份。

(一)人口学变量与煤矿工人自媒体使用的关系

首先,考察性别因素与自媒体使用的相关性。

表 4 性别与自媒体使用相关性检测

		性别	是否使用自媒体
性别	Pearson 相关性	1	-0.264 **
	显著性(双侧)		0.003
	N	128	128
是否使用自媒体	Pearson 相关性	-0.264 **	1
	显著性(双侧)	0.003	
	N	128	128

**.在 0.01 水平(双侧)上显著相关。

在此问题上男性有效样本数为 92 份,女性有效样本数为 34 份,相关检测 P 为 -0.264,两者在 0.01 水平上达到显著相关,双侧检验的显著性概率(Sig)为 0.003,小于 0.01。该结果表明,性别会影响自媒体的使用。进一步统计,男性工人使用自媒体的比例为 69.6%,而女性工人为 94.4%,显然女性工人更乐于使用自媒体。

另外,考察年龄因素与自媒体使用的相关性。

表 5 年龄与自媒体使用相关性检测

		是否使用自媒体	年龄
是否使用自媒体	Pearson 相关性	1	0.389 **
	显著性(双侧)		0.000
	N	128	122
年龄	Pearson 相关性	0.389 **	1
	显著性(双侧)	0.000	
	N	122	122

**.在 0.01 水平(双侧)上显著相关。

有效样本 123 份。相关检测 P 为 0.389,两者在 0.01 水平上达到显著相关,Sig 为 0.000,小于 0.01。该结果表明,年龄也会影响自媒体的使用。进一步统计发现,此问题上样本中年龄≤30 岁的有效样本数为 61,其中使用自媒体的比例为 90%,年龄>30 岁的有效样本数为 62,其中使用自媒体的比例为 61.3%。显然年轻的工人更乐于使用自媒体。

(二)社会学变量与煤矿工人自媒体使用的关系

首先,考察教育水平对自媒体使用的影响。

表 6　学历与自媒体使用相关性检测

		是否使用自媒体	学历
是否使用自媒体	Pearson 相关性	1	-0.275**
	显著性(双侧)		0.002
	N	128	128
学历	Pearson 相关性	-0.275**	1
	显著性(双侧)	0.002	
	N	128	128

**.在 0.01 水平(双侧)上显著相关。

有效样本 128 份。相关检测 P 为-0.275,两者在 0.01 水平上达到显著相关,Sig 为 0.002<0.01。学历对自媒体的使用也存在显著影响。样本中大专以下学历为 69 人,自媒体使用率为 64.7%,大专及大专以上学历为 59 人,自媒体使用率为 90%。显然学历越高的工人越乐于使用自媒体。可能的原因是个人知识水平导致对新技术的使用能力不同,大专及大专以上学历者中没有人选择不使用自媒体的原因是“不会用”,而在大专以下学历中,有 33.3%的不使用人群选择了“不会用”。

另外,考察不同的工作场所对自媒体使用的影响。有效样本 128 份,相关检测P=0.047,Sig 为 0.601>0.05,所以二者不相关,即工作场所对自媒体的使用没有明显影响。

同样经过相关性检测,不同的职业和身份与自媒体的使用也无相关性,即普通产业工人与管理技术人员在自媒体使用中无明显差别。但是,进一步分析发现不同职业和身份中不使用自媒体的人却有不同的原因,“花费高”和“没有这方面需求”与其具备相关性,产业工人倾向于选择前者,而管理技术人员倾向于选择后者。

四、煤矿工人对自媒体的信任度

民众对某种媒介的信任度体现了该媒体的公信力,媒体的公信力虽有硬性标注作为其支撑内核,如新闻价值形成的标准——时新性、显著性、重要性、接近性、趣味性,但公信力的形成还须通过公众的评判实现,好的内容还要依托好的形式和渠道才能被喜闻乐见,特别是当今多种媒介竞争的格局下,酒香也怕巷子深。

那么自媒体在煤矿工人这个群体中的公信力如何呢?

表 7 是受访者对各媒体信任度的打分,统计结果显示,电视的信任度是最高的(均值 3.476),报纸和商业门户网站几乎相同,分列第二第三,但是作为自媒体的微信

和微博却得到了最低的信任度。在访谈的十人中,大家普遍认为微博、微信上的消息可信度低,并且认为主要是由于消息源的隐蔽性和缺乏必要的监管造成的。

表 7　各媒体信任度

	N	极小值	极大值	均值	标准差
报纸	128	1.0	5.0	3.178	1.1159
电视	128	1.0	5.0	3.476	1.2277
广播	128	1.0	5.0	2.919	1.0241
商业门户网站	128	1.0	5.0	3.161	1.0968
微博	128	1.0	5.0	2.721	1.1382
微信	128	1.0	5.0	2.590	1.1955
有效的 N (列表状态)	128				

注:5 分完全信任,4 分比较信任,3 分一般信任,2 分不太信任,1 分完全不信任

五、自媒体增权使用效果研究

20 世纪 40 年代,传播者尝试从受众的角度来探讨媒介效果,受众不再被看成应声倒地的"靶子"。卡茨、布鲁姆勒等人提出"使用与满足"过程的基本模式。在接触行为之后,人们会根据满足结果来修正既有的媒介印象。本文对煤矿工人自媒体使用中达到的满足度进行研究,并且关切他们对自媒体增权效果的既有印象。

(一)自媒体与增权理论概述

话语权是指个人或者社会团体能够通过大众媒介对其关心的社会事件或国家活动充分表达其看法和建议,并从中获取有利于自身正当利益的信息的权利。[15]最早将话语与社会关系、权利运作联系起来的是法国哲学家米歇尔·福柯(Michel Foucault),福柯话语理论中的话语不仅是说和写的问题,这个过程还包含相关的认知过程、思想形式、社会力量斗争等因素。

葛兰西在《狱中札记》中提出了文化霸权思想,话语霸权是其中一个表现。对应霸权自然就有增权(empowerment),即赋予或充实个人或群体的权力。当今自媒体被认为是一种有效的话语增权工具。煤矿工人并不属于传统上的弱势群体,但改革开放后,工人政治经济地位下降,传播能力也随之弱化。媒体对这一群体缺乏关注,即使在频繁的矿难报道中也鲜有工人自己的声音,话语增权的需求显得尤为迫切。

自媒体的特殊意义在于一定程度上打破了媒介近用权的束缚。"媒介近用权"指

利用传播媒介阐述观点、发表言论以及开展各种社会和文化活动的权利。[16]自媒体成为每个人手中的麦克风,可以轻易地将自己的观点和周围的事件传达出去,公众成为推动信息流动的一部分力量。

(二)自媒体增权效果研究

可以把增权效果划分为个体层面增权、人际层面增权和社会层面增权三个方面。个体层面增权着眼于案主个人生活技巧的掌握、自我效能的提高、自我意识的提升以及个人权力感、自重自尊、自强自信、反思意识、有意识控制的理念和技巧等元素。[17]人际层面增权着眼于人际关系的拓展,因为人际资源可以作为一种社会资本,它不仅可以为弱势群体带来其他可视资源,也可以帮助他们提升社会影响力。社会层面增权表现在弱势群体可以表达自己的利益诉求,争取社会平等待遇。

1.个人层面增权效果

首先,考察个人层面的增权效果,主要包括满足信息获取、满足娱乐消遣、尝试新鲜事物、影响价值观和增强个人权利意识几方面。

在信息获取速度方面,91.7%的工人认为通过使用自媒体可以加快信息获取速度。自媒体在信息的传递速度方面具有传统媒体无法比拟的优势,可以实现与事件同步传播,特别是一些突发事件,往往是自媒体首发,传统媒体跟进。据统计,2010 年度舆情热度靠前的 50 起重大舆情案例中,微博首发的有 11 起,占到 22%。[18]。同时,93.8%的工人认为自媒体的使用扩大了自己的信息容量,75%的人同时认为自媒体基本满足或者完全满足了自己获得更多有用信息的需求,这说明自媒体在提供信息方面,不仅在数量上,在质量上也能满足多数工人的需求。

87.5%的使用者认为自媒体的使用有助于他们尝试新鲜事物,在访谈中 40 多岁的老李说自己刷微博可以学到一些很“潮”的网络用语,如果不懂就容易和周围的年轻人失去共同语言。在娱乐消遣方面的满足度相对略低,43.8%的人表示基本满足或者完全满足。虽然微信、微博中也有一些附属的游戏和提供消遣内容的账号,但是这毕竟只是其附属性的功能。

72.9%的使用者认为通过自媒体增强了自身的权利意识,因为自媒体上维权的案例比较多,容易引起有相似需求者的共鸣。并且有 50%的使用者认为自媒体的使用对其价值观也会产生影响。

总体来看,自媒体在煤矿工人中对个人层面的增权效果比较明显。

2.社会层面增权效果

考察社会层面的增权效果,主要包括对公共事务的兴趣、自身权益的表达以及对整个工人群体的利益诉求态度。

对于公共事务,其中仅 46%的人选择有兴趣,33. 3%的人则选择视问题而定,这是因为多数人(73. 5%)只关心对自己生活有影响的问题,如延迟退休、二胎生育、全国上调工资等问题。在不感兴趣的原因中,“意见难起实质性作用”所占比例最大(46. 7%),说明煤矿工人的话语权状况不佳。

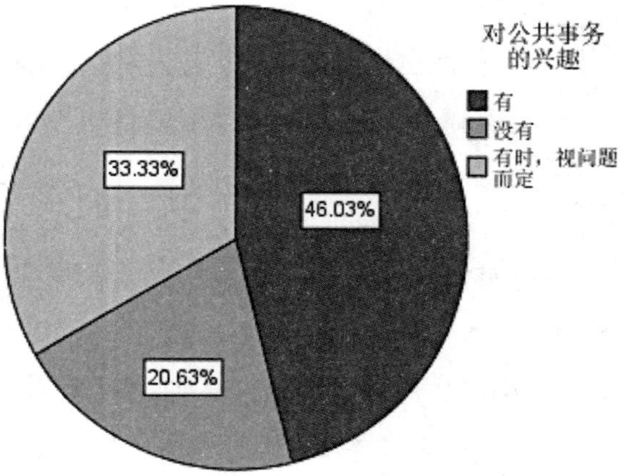

图 2　是否有讨论公共事务的兴趣

对公共事务缺乏热情的煤矿工人在表达自身权益和立场时的态度又如何呢?79. 37%的人选择了“有需求无途径”,说明工人们有较强的表达欲望但是缺乏有效的表达途径,他们选择最多的方式是向身边有影响力的人诉说(56. 9%),每一种途径的有效性都比较低,相差不大,其中广播、电视、报纸相对最高却又是普通民众难以使用的传统媒体。综合可接触性和有效性,自媒体成为折中的选择。

普遍上说,自媒体作为一种低准入门槛的媒体,可以为大众提供更加便捷的言论表达途径,但是在统计中仅有 45. 8%的人认为自媒体提供了完全满足和基本满足需求的言论表达途径。仅 50%的人会关注自媒体上有关工人的账号和议题,35. 4%的人转发或发表过支持工人群体的言论,31. 9%的人认为自媒体有助于实现某些自身权利。在访谈中,多数人认为在自媒体上维权受到关注的可能性不大,缺乏有效的人际网络。这说明他们在自媒体维权的积极性不高,所能利用的资源也非常有限,权利表达使用与满足度较低。

可以说煤矿工人在自媒体使用中社会增权的效果不明显。

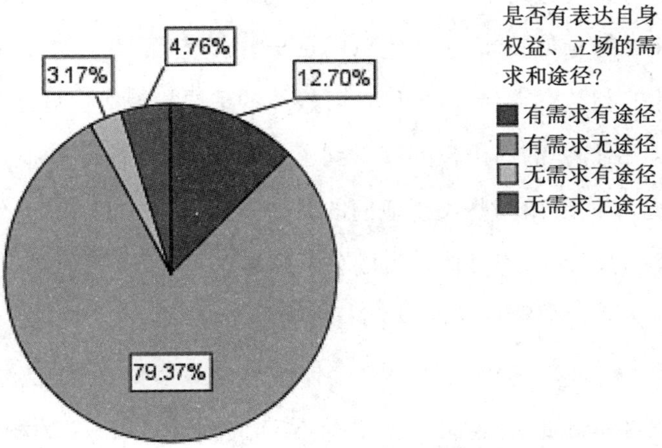

图 3　是否有表达自身权益的需求和途径

3.人际层面增权效果

最后,考察人际层面的增权效果。

互联网的一个重要特点是缩短了人们在现实生活中的物理距离,麦克卢汉曾经提出,到 20 世纪后半叶,大众媒介已经将人类的触角延伸到世界各地,将人类重新部落化,形成一个“地球村”。作为 Web2.0 时代发展起来的自媒体,更加突破了现实中人际交往的瓶颈,使人们在网络中形成新的人际关系,甚至结成虚拟社区。同时,也有人担心虚拟人际的增强会危及现实人际,造成现实人际关系的冷漠。

根据统计结果显示,有 43.7%的人认为通过使用自媒体,人际交往范围明显扩大,同时 52.1%的人认为现实生活中的人际关系得到了加强,14.6%的人认为对现实人际关系影响不大。这说明自媒体对人际关系的影响显著,对现实人际和虚拟人际都有一定的促进作用,但煤矿工人在拓展新人际方面需要进一步加强。为进一步提升工人群体自身的话语权,必须鼓励他们更加主动地走出群体内部的熟人圈子,对外发出自己的声音,融入整个社会群体中。

(三)自媒体增权现状及展望

总体来说,自媒体拓宽了该群体权益的表达渠道,但是在社会增权方面并没有显著功效,结合基本使用情况,主要有以下几方面原因:首先,煤矿工人对自媒体的性质认识不足,对其这方面增权功效缺乏信心,使用目的比较局限。其次,他们在自媒体使用过程中没有与其他有效的社会资源建立联系,因此难以获得帮助和支持。最后,自媒体虽然对公众具有普遍的增权效果,但其中的话语权仍是不平等的,明星、公知、学者充当了自媒体中的意见领袖,拥有绝对的话语权优势,而意见领袖也普遍忽视了煤矿工人这一群体的利益诉求,导致他们在自媒体的话语权分级中处于劣势。

近几年,农民工群体的话语权问题得到了普遍关注,微博上有很多为农民工代言的公共账号,也经常涌现出一些关于他们的微博热门议题,可以说整个群体的话语权状况有所改善。但是,为工人群体代言的公共账号却几乎没有,议题也极少,过去重大的矿难也难以成为微博的热点议题,很少看到有人对此进行思考和发声。

增强未来工人群体的话语权,要从“个体主动模式”和“外力推动模式”[19]两个方面着手。第一是内部力量,提高工人的媒介素养,增强其“争权”的积极性,使其充分利用自媒体提供的话语资源。第二是社会外部力量,给予工人群体更多关注,增设能为他们代言的公共平台,打通该群体与社会的互动,而这必然需要意见领袖们的共识和努力。

结语

淮北市煤矿工人自媒体接触率较高,为 76.6%,但使用品种集中在 QQ 空间、微博、微信和论坛四种,且 QQ 空间占据比例过大。使用时长两极化,一小时以下和两小时以上人数居多(分占 55.1%和 32.7%)。使用地点以自己的住所为主,其次是交通工具和工作场所。使用媒介以个人电脑和手机为主,个人电脑比重最大,平板电脑在煤矿工人中的普及率非常低,只有 9.8%。在使用动机上,浏览信息与娱乐消遣占据了绝对比例,自媒体的优势性功能没有得到充分发挥。

影响煤矿工人自媒体使用的因素分别是性别、年龄和教育水平三个方面,收入水平、工作场所、工作职位等对自媒体使用均无明显影响。

同时,研究表明,在煤矿工人中自媒体的信任度非常低,不及传统媒体,也不及商业门户网站,煤矿工人们普遍认为需要媒体把关人对信息进行筛选来保证真实性。

在自媒体使用效果的考察中,对于公共事务的表达参与中仅 46%的人表示有兴趣,且有兴趣的原因多是和自己的生活密切相关(74.5%),没有兴趣的最主要原因是认为自己的意见难起实质性作用。对于个人权益的表达他们也身处困境,79.37%的人选择“有需求无途径”,最多被采用的途径是向身边一位有影响力的人诉说,而这又是有效性非常低的手段。他们没有利用新传播渠道。

在其他使用效果上,信息的获得被认为得到了普遍改善,不论是在速度上还是在数量上。对人际关系的影响则没有那么明显,不到一半的人通过自媒体扩大了人际关系,同时,约一半的人通过自媒体加强了现实中的人际关系,说明他们在自媒体中的人际关系与现实中重合较大。

总体来看,该地区煤矿工人的自媒体使用状况可以概括为:数量有为,质量不佳。人们在物质技术条件上具备了自媒体使用的能力,但是在对自媒体功能的挖掘和利用上显得不足,缺乏利用自媒体增权的意识,在自媒体的使用中仍然难以突破现实人际关系,因而倒向"数字鸿沟"的弱势方。改变这种状况既需要调动群体自身的积极性,亦需要社会各方的关注和扶持。

〔本文系国家社科项目"新生代农民工自媒体传播增权研究"(批准号:13CXW036)中期研究成果〕

注释:

1.石磊:《新媒体概论》,中国传媒大学出版社 2009 年版,第 137 页。

2.喻国明:《中国人的媒介接触:时间维度与空间界面:基于"时间-空间"多维研究范式的定量考察》,人民日报出版社 2012 年版,第 3 页。

3.谢天勇、张国良:《中国大陆中部地区民众的媒介行为实证分析——以安徽省淮北市为例》,《现代传播》2013 年第 6 期。

4.林频:《上海市儿童新媒体使用情况的调查与思考》,《少年儿童研究》2012 年第 1 期。

5.孔祥武:《南京地区大学生媒介接触情况调查与分析》,《中国青年研究》2005 年第 12 期。

6.周葆华、吕舒宁:《上海市新生代农民工新媒体使用与评价的实证研究》,《新闻大学》2011 年第 2 期。

7.淮北市政府门户网站,http://www.huaibei.gov.cn/2014-1-18。

8.一线工人主要指在井下直接从事采掘工作的人员,二线工人主要是在地面车间工作的人员,三线工人主要是矿区各种配套机构工作人员。

9.排除抄袭问卷和空白比例超过 10% 的问卷。

10.值为 1 时记为使用,2 时记为不使用。

11.喻国明:《中国人的媒介接触:时间维度与空间界面:基于"时间-空间"多维研究范式的定量考察》,人民日报出版社 2012 年版。

12.参考喻国明:《中国人的媒介接触:时间维度与空间界面:基于"时间-空间"多维研究范式的定量考察》,人民日报出版社 2012 年版,第 262 页。
13.胡正荣、戴元光:《新媒体与当代中国社会》,上海交通大学出版社 2012 年版,第 408 页。
14.〔美〕克莱·舍基:《人人时代无组织的力量》,胡泳译,中国人民大学出版社 2011 年版,第 54 页。
15.孙正好、何青:《大众媒介对弱势群体的话语霸权现象探析:一种葛兰西霸权理论的视角》,《东南传播》2011 年第 8 期。
16.徐耀魁:《西方新闻理论评析》,新华出版社 1998 年版。
17.范斌:《弱势群体的增权及其模式选择》,《学术研究》2000 年第 12 期。
18.李婷婷:《浅谈自媒体的舆论监督功能——以首发新闻为例》,《赤峰学院学报》2013 年第 5 期。

〔宋词,澳大利亚墨尔本大学 Global Media Communication 专业研究生;高传智,中国劳动关系学院新闻学专业副教授〕

书　评

"西方"和"结构"之外："中国"作为话语整体的传播研究新视角

——评施旭国际新作《中国话语研究》　　徐迎春

“西方”和“结构”之外:“中国”作为话语整体的传播研究新视角

——评施旭国际新作《中国语语研究》[1]

Beyond the “Western” and “Structure”: “Chinese” as a New Perspective on the Overall Communication Discourse

——On Application of *Chinese Discourse Studies*

◎ 徐迎春
Xu Yingchun

摘要:传播学具有多学科交叉的欧美起源,在方法上与实证主义和历史主义的欧洲“知识社会学”基本传统息息相关。许多传播学的文化研究学者一直希望摆脱西方尤其是美国传播研究的功能和行为主义经院式研究方法,并试图从历史主义、文化研究、人类学等其他领域的材料中另辟蹊径。施旭的《中国话语研究》不仅将文化话语分析作为传播研究的方法,而且从“西方”和传统的“结构”研究中跳出来,将中国自身的哲学、“言不尽意”、“言外之意”等超越文本和语境的独特话语方式及中国经验作为研究基于中国本地的文化传播的理论和方法,形成了以“中国”作为话语整体的传播研究新视角,是对国际传播的重要补充。

关键词:中国话语,文化传播,话语研究,去西方,解构

Abstract: Communication with the origin of interdisciplinary from the Europe and the United States is closely related to the basic tradition of positivism and historical European “sociology of knowledge” in method. Many scholars of communication have always been getting rid of the western and especially American communication studies and behavioral scholastic research methods, and attempting to find a new way from the materials of historical, cultural studies, anthropology and other areas. Shi Xu's *Chinese Discourse Study* not only takes cultural discourse analysis as a research method, but also strikes off shackles the “west” and the traditional “structure” dimension, regarding the unique mode of discourse induding Chinese philosophy, the implication beyond the text and context, and Chinese experience as theory and method for the cultural communication research based on the local China. The book has formed a new perspective of communication study which regards“China”as the discourse subject.It is an important supplement to the international communication.

Keywords: culture communication of Chinese discourse, cultural transmission, discourse studies, out of the West, deconstruction

一个严肃的问题是,今天,中国在转变和发展过程中的文化话语和传播角色问题总体上被忽略了。谁是中国的说话者(谁不是)?他们在说什么?所说意味着什么?为什么说?他们的话语又是如何历史性地被比较?说者在国际和跨国性意义中被放置于何处?类似这些重大的问题,这些反映中国时代精神、中国身份、中国关注和期望、中国状况和潜力的问题,还没有更综合或更系统、全面的考察和方法。

——施旭

提到传播学研究的发端,必定要提到欧洲“知识社会学”领域的发展,20 世纪早期社会学、人类学、心理学、宗教、艺术等社会科学领域的成果为传播学成为一门独立学科奠定了一定的理论基础。同时,社会科学在意识形态、行为科学、宗教、文化等领域的争论也为传播学研究的不同方法、原则和策略提供了框架。其中,欧洲“知识社会学”两大基本传统,即以涂尔干(Emile Durkheim)为代表的法国实证主义传统和以卡尔·曼海姆(Karl Mannheim)为代表的德国历史主义传统对传播学的影响都值得一提。前者乐观地认为社会虽然精彩纷呈,但其背后必隐藏着世界同此一理的普遍理性,科学思想便是人的理性认识发展结果;而后者则因对理性社会学的批判被人类社会学家克利福德·格尔茨(Clifford Geertz)认为陷入了“曼海姆悖论”[2] 中无法自拔。传播学研究者一开始就自觉不自觉地面临类似困境,之后传播学在行为科学(目的在法规阐释)、形式科学(目的在结构阐释)和文化科学(目的在意义阐释)三个方向的策略性发展就成为应对该悖论的结果。[3]

一直以来,传播学的欧洲传统和美国起源都为其理论烙上了“西方”烙印,实证主义在美国的盛行也影响了世界其他国家。尽管曼海姆在马克思主义阶级理论的基础上对理性社会进行了批判,虽然他认为社会群体因阶级利益不同会对同一事物有不同视角,产生不同错误的意识形态,但只要把不同视角综合起来,就会最终获得真理,真理本身是真实而正确的。在这些社会理论传统的影响下,普适性、二元性(如真/假,对/错等)、去文化性都或多或少地影响了全球传播学研究。文化研究学者詹姆斯·凯瑞(James W.Carey)从 20 世纪 50 年代以来就致力于将传播学从行为和功能主义经院式研究中摆脱出来,推动传播学从生物学、神学、人类学及文学的知识材料中另辟蹊径，撰写了《作为文化的传播》《转变时代的观念》等著作，引领我们从文化研究的视角来看待传播并重新认识媒介的文化话语力量。

然而，在这个复杂多变、众象丛生、隐晦曲折的文化和话语世界中，传播是否应该体察本文开篇所提的问题？作为文化话语的传播又如何解决以上问题？源于西方的传播理论框架能否解决东方的问题？我们可能从爱德华·萨义德（Edward Said）的《东方学》《文化帝国主义》，迪佩什·查卡拉巴提（Dipesh Chakrabarty）的《欧洲省份化：后殖民主义思想和历史差异》以及塔拉尔·阿萨德（Talal Asad）的《宗教谱系学》等著作中，从历史、宗教、文化等各个角度理解东西方差异的现状，但在面临根植于西方的社会科学理论如何解决东方的问题时，仍然一筹莫展。如果按照曼海姆所持“综合各种不同视角能得到真理”的思路，东西方视角结合似乎就是真理本身了，问题在于如果这样的真理果真存在（悖论引发真实的真理无法存在之结论），东方视角到底是怎样的视角？是一种文化霸权下的东方视角？还是一种去文化去差异貌似自然的标准化视角？是一种和西方对话性的东方视角？还是完全和西方隔离的封闭式对抗视角？这种视角的实现有没有实践原则和方法？这些问题显然是曼海姆悖论所引发的探讨，同时也是后殖民主义理论及其他东方学者尚未解决的问题。

面对这些困境，浙江大学文化研究学者施旭在其新作《中国话语研究》（*Chinese Discourse Studies*）[4] 中给我们提供了一种中国的话语和文化传播范式，就是这些急需解决的困境和问题引领我们步步深入，提供可能性方案。他认为在长期以来西方传播学理论支配下，中国文化话语在世界话语中处于“失语”状态，传播学西方传统在东方包括在中国“拿来即用”的照搬延续，完全置中国文化和中国问题于真空状态，导致传播失去了“中国身份”，在世界传播格局中只能被搁置于从属地位，也导致在全球传播中失去与别国平等对话的可能，而上文提出的问题在传统思路下将始终无法得到有效解决。

基于此，施旭呼吁，在世界传播知识体系中，“中国”身份和范式的建构是当务之急，这就必须将“中国”作为一种整体的话语进行全面研究，即中国既是话语传播的文化主体，同时又是文化客体，东西方之间始终要在文化上保持平等对话。由于传播学根植于西方，中国话语研究并不主张完全抛弃西方理论和概念，但在使用那些看似自然和去文化性的西方概念时，要始终保持中国文化自觉意识，以中国特有的哲学文化理念和话语风格的总体考察为基石，以获得“去西方化”的东方视角。“中国话语研究”范式在“去”的视角上并不是意味着“离开”和“抛弃”西方，而更多的是“警醒”和“超越”之意，以达到东西对话的目的。整本书层层递进，以批判的立场和东方视角，从中国话语研究的理论范式到理论实践,从宏观到中观层面,以问题意识和案例分析形式为我们呈现了一种新的基于中国文化视角的传播研究可能性。

中国作为一种整体的话语传播研究范式,即中国话语研究(CNDS)的提出,在当前国际范围内"元"叙事(西方叙事)主导的话语时代是一种多样化声音,是对一"元"的超越,正是当前国际传播迫切需要有益于东西对话的新范式。整本书通过理论和实践两大部分详细论述了中国话语研究范式的原则、策略和方法,并通过主题性的案例分析,直指人权话语、国际贸易话语和城市发展话语中的中国文化话语的缺失,通过回归这些案例的整合性话语文本和非文本,建构起中国文化话语传播体系。中国话语研究范式强调超越"西方"、解构"结构",将"中国"话语从哲学、文化、语言习惯和实践、风格、历史发展、说者和听者、经验等各部分进行独立关注又加以相互关联,形成深深扎根于中国土壤但又有核心对话能力的文化传播新视角。

纵观国内外,提倡将文化作为一种传播方式的理论家并不少,詹姆斯·凯瑞是典型代表,他主张用传播"仪式"观(即回归媒介对人与人关系的维系和文化身份认同的建构作用)来重新看待大众传播和媒介,批判西方一直以来盛行的行为和功能科学研究的传统。美国文化研究学者约翰·费斯克(John Fiske)也将传播研究分为过程学说和符号学说两类,鼓励用符号学的文化路径来批判性地揭示传播的意义,将符号的结构、文本的研究和文化政治结合起来。两者都有超越结构的呼吁和努力,不过由于其所处文化仍在西方,其话语经验和实践风格也是从西方视角习得,缺乏东方和中国的文化体验,在话语分析方法上并没有过多关注话语整体分析,更多的还是关注符号和结构本身。

对于文化话语研究理论而言,最受国内外推崇的学者应属诺曼·费尔克拉夫(Norman Fairclough),他建构的批判话语分析(CDA)理论和方法至今仍是东西方学术研究较多引用的模式,尤其在中国国内,只要在中国学术网站"知网"上用关键词"话语分析"搜索一下,引用率较高的传播学学术文章都会借用费尔克拉夫的话语分析方法。然而,CDA 理论的实践者忽略了其理论本身作为一种话语的非"真理"性和非"自然"属性。正如施旭所言:"无论是有意还是无意间,他们(实践者)似乎就成了人类传播的真理知晓者和道德评判者,很少有人质问和反思他们自身的文化身份、利益和意识形态,或反思他们自身的知识、认知和道德的文化来源、局限和偏见……高举 CDA 旗帜之下的诸多学术成果中的概念、理论、价值、方法、主题和研究问题的提出,就好像其本身都是自然的,因而应用到其他不同的文化语境中是没有任何问题且完全独立于本地视角和关注……文化经常被视为话语外部的附属现象,也就是说文化成了'给定的语境’……”[5]

事实上，世界文化虽有一定的共性，但亦有不同地域间的文化特定性和差异性，如果将文化看成是“给定的语境”，即所谓自然的真理，就可能陷入西方话语霸权中而失去其他文化如中国文化的身份认同。曼海姆虽对于真理的真实存在过于乐观，但其主张从不同视角看同一事物的观点实质上是认同了文化差异性，虽然他用了不同意识形态来表述。在施旭看来，批判话语分析理论和方法完全基于西方文化价值和西方视角，绝不是可以不假思索地运用于东方文化话语分析中的所谓“真理”，这样做的后果可能会形成误导，比如说西方那些占主导的或视传播的语言形式和其他符号表达形式为当务之急要研究的想法，与中国文化特点就是相对的，至少中国文化在一定程度上对(可观察到的)传播保持着深刻的戒心，并且始终力劝民众“少说多做”。

之所以说中国话语研究(CNDS)超越了“西方”，不仅仅是其将概念和理论与中国文化传统和本地经验相连接，还在于它超越了“结构”(structuralism)，用施旭本人的话来说就是“解构普适性成为话语和传播研究领域去殖民化的第一步”。在其将中国作为一个整体的话语传播范式建构之前，这“第一步”就包括他大篇幅批判性解构 CDA 不适用于中国文化和中国经验的三个重要方面，从而整个中国话语传播范式试图从解决方案上超越“西方”和“结构”。

首先，中国路径应超越视传播为一种基于两分法的所谓“辩证”话语模式。CDA 虽然也提供辩证批判思路，但该辩证性仅被简单结构为正反两面话语方式，如“文本(或说话)”相对于“上下文(语境)”、“话语”相对于“社会”、“话语”相对于“认知”、“表征”相对于“现实”等，这种二元结构性的话语模式将分析和论证的重点往往放在符号的形式上，比如文本主要指写和说的产物，上下文/语境就被认为是不重要的或是“自然给定”的；语言形式本身被认为是重要的，比如在媒介话语分析中，媒介话语的文本、表征认为是最关键的，而社会历史、文化的语境往往被忽略或处于附带地位。事实上，社会语境及语言形式本身都和使用者息息相关，话语不仅被生产还被使用，说话者和听话者同等重要，社会实践、文化差异和使用者经验，都密切关系到话语本身的传播方式、功能和效果，而不是附属于文本或者在话语之外的东西。

由于西方传统(批判)话语研究范式局限于两分法的结构分析，因而其话语关系也被机械地归结为两种，一种为因果关系，另一种为建构关系。实际上，人类传播行为或人类文化传播是在一个广阔无垠而复杂的环境中进行和发展的，始终存在于一定的情境中，“发展性”和“相对性”是哲学“情境”思考中的两个重要方面，强调意义是随时间不断发展、流动和变化的过程。[6] 将人类传播简单归结为因果关系和建构关系两种,显然是不充分的,可能“最终导致错误和令人曲解的结论,而真正的问题往往悬而未决”[7]。

基于此,中国话语研究主张超越一分为二的话语分析方法,代之以全面的分析范式,将中国文化传统、语境、传受双方、问题和经验都考虑在内,因而其“研究对象是将全部话语看作一个整体,形成一个多样化的相互关联、相互依赖和相互渗透的部分之间的结合体……中国路径是寻求包括总体、联系、模棱两可、复杂性、动因以及许多其他可能关系的方法”[8]。

其次,为何中国话语研究要超越根植于西方的结构主义和符号主义的话语研究模式? 对于西方传统的结构主义和符号主义研究来说,意义就存在于语言结构中,通过各种符号进行表征。语言形式,尤其是可观察到的文本和口语形式就在话语研究中占了主体地位,如果把语境当作一种给定的自然附属物,我们会觉得意义就是完全从语言形式和符号中获得的。当然,这样的话语分析范式源于西方也较适合于西方,因为西方语言特征普遍强调简洁明了、低语境化,西方社会强调表达自由、畅所欲言的文化传统,因此意义较容易且能较准确地从这种可观察到的话语形式和结构分析中获取。

然而,将这种话语分析方式搬到东方语境中尤其是中国文化传播事件中时,如果忽视语境的变化而只注重文本和口语形式、结构的分析,就可能获取完全错误的意义。一个传统的中国笑话曾经谈到西方人到中国人家里做客,称赞中国女主人漂亮时,男主人客气说“哪里,哪里”,而这个文本表达的意义就是和中国语境(谦逊文化)息息相关的,如果忽略不同文化语境而生硬理解词语本身,从小处看会闹笑话,大处看可能正是国际传播事件中出现重大问题的症结所在。

从中国文化语境出发建构中国整体话语的传播范式很有必要,因为与西方不同,很多时候,中国语言形式(传播)和意义之间没有直接关系。比如从中国古代文化中我们就沿袭了“言不尽意”“言外之意”“君子耻其言而过其行”“得意而忘言”的语言表达传统,而“意境、弦外之音、神韵、道、含蓄、客气、礼、面子”等原则一直以来都在中国被实践并推崇,这些传播方式都是中国独有之物,是充满想象力、理想化的,是以说话-听话者之间“心有灵犀一点通”式的对话性传播方式来完成交流的文化传统和实践,这些文化特定性都是简单从可见可听的语言结构中无法获取意义的。在整个“中国话语研究范式”一章中,施旭从中国哲学、中国话语传播理论、中国方法、围绕中国当代问题的主题探索等四大部分进行了详细阐述和论证,突破了当前传播研究本土化的瓶颈。

此外,中国话语研究之所以要超越“西方”,主张将中国整体话语当作一种重要的传播研究视角，还强调了基于西方“个人理性”的话语传播和中国注重“社会道德”传播旨趣的差异。追溯西方传播学模式的发展，最早的模式往往是和亚里士多德的修辞说服模式相联系，对于西方传统来说，传播就是为了完成一种说服，通过话语的辩论达到使受众接受而改变行为或态度的目的，功利性一目了然，“因果关系”“建构关系”等机械话语关系也多少带有功利目的。施旭强调，与西方不同，中国文化是一种集体文化，受儒家文化影响较深，因而“仁、和谐、平天下”是中国文化话语传播的特色，传播在中国主要是一种以维系和谐社会、和谐人际关系为道德旨趣的话语流动。与西方话语传播中强调“控制”“说服”属性，将“传者”置于话语中心相比，中国话语传播更强调“平等”“和平”“中庸”等社会价值，因而将传受双方的关系放在中心地位，而不是哪一方比另一方更重要。这一点也是中国话语研究在“西方”和“结构”之外所持的独特传播视角。

总的来看，中国话语研究范式是一种不同于传统传播学研究的话语分析路径，“是一种中国体系研究，因为它扎根于中国文化和历史，包括它的学术遗产，为中国社会经济发展注入了文化政治情感，并且关注的是作为经验和分析对象的当代中国话语和传播实践”。[9]

当今中国在世界中的地位，无论是经济、政治还是文化地位都日益上升，然而面临的问题和挑战也是前所未有的，腐败、不平等(社会、地区、城乡之间)、环境恶化、人口压力、脱贫、城市化、移民、团结和国家安全等社会问题纷至沓来，中国在解决自身问题的同时，需要和世界达成对话，而在以往的对话中，中国话语传播始终缺乏文化自觉，文化战略的缺失使得中国国际传播总是附属于西方范式，中国文化传统和语境在传播中没有被表达或充分表达，因而也不被西方甚至其他亚洲国家所理解，其重要原因就在于中国在国际传播中缺乏以中国整体话语为传播对象和主体的本土传播视角，而中国话语研究范式无论从概念、原则、方法上都完全基于中国当代紧迫的传播问题，从中国文化出发，着眼于“中国身份”的合理建构，以实现在全球传播中平等对话目的，从中国的问题意识着手，为我们提供了可资借鉴的总体范式，这种革新的文化传播视角对于世界文化话语传播将是十分必要和有益的补充。

注释：

1. 浙江大学施旭教授新书英文版 *Chinese Discourse Studies* 于 2014 年 12 月由 Palgrave Macmillan 出版公司出版，全球发行，ISBN 978－1－137－36503－3。详见：Shixu (2014). *Chinese Discourse Studies*. Basingstoke：Palgrave Macmillan。

2.参见 Willard A.Mullins,"Truth and Ideology: Reflections on Mannheim's Paradox",in *History and Theory*,Vol.18.No.2 (May,1979),pp.142-144.

3.James W.Carey, *Communication as Culture: Essays on Media and Society*, Boston: Unwin Hyman,1989,pp.47.

4.Shixu, *Chinese Discourse Studies*, Basingstoke: Palgrave Macmillan,2014.

5.Shixu, *Chinese Discourse Studies*, Basingstoke: Palgrave Macmillan,2014,pp.3-4.

6.P.McHugh, *Defining the Situation*, New York: Bobbs-Merrill.1968.p.38.

7.8.Shixu, *Chinese Discourse Studies*, Basingstoke: Palgrave Macmillan,2014,p.9.

9.Shixu, *Chinese Discourse Studies*, Basingstoke: Palgrave Macmillan,2014,p.1.

〔徐迎春,浙江传媒学院讲师、博士,美国威斯康星大学麦迪逊校区传播艺术系访问学者〕

图书在版编目(CIP)数据

中国新闻传播研究. 2014. 下 /高晓虹主编.—北京:中国传媒大学出版社,2016.6
ISBN 978-7-5657-1576-1

Ⅰ.①中…　Ⅱ.①高…　Ⅲ.①新闻学—传播学—研究—中国—2014
Ⅳ.①G219.2

中国版本图书馆 CIP 数据核字（2016）第 000665 号

中国新闻传播研究 2014(下)
ZHONGGUO XINWEN CHUANBO YANJIU 2014(XIA)

主　　编　高晓虹
副 主 编　田维钢　付晓光
责任编辑　王雁来
责任印制　阳金洲
封面设计　拓美设计
出 版 人　王巧林

出版发行　中国传媒大学出版社
社　　址　北京市朝阳区定福庄东街 1 号　邮编:100024
电　　话　86-10-65450528　65450532　传真:65779405
网　　址　http://www.cucp.com.cn
经　　销　全国新华书店

印　　刷　北京中科印刷有限公司
开　　本　787×1092mm　1/16
印　　张　11
版　　次　2016 年 6 月第 1 版　　2016 年 6 月第 1 次印刷

书　　号　ISBN 978-7-5657-1576-1/G・1576　　**定　　价**　49.00 元
